공부가 쉬운
아이로 키워라

공부가 쉬운 아이로 키워라

22년 차 초등교사가 알려주는 **6단계** 공부육아 **로드맵**

초 판 1쇄 2024년 09월 26일

지은이 초이티처
펴낸이 류종렬

펴낸곳 미다스북스
본부장 임종익
편집장 이다경, 김가영
디자인 임인영, 윤가희
책임진행 김요섭, 이예나, 안채원

등록 2001년 3월 21일 제2001-000040호
주소 서울시 마포구 양화로 133 서교타워 711호
전화 02) 322-7802~3
팩스 02) 6007-1845
블로그 http://blog.naver.com/midasbooks
전자주소 midasbooks@hanmail.net
페이스북 https://www.facebook.com/midasbooks425
인스타그램 https://www.instagram.com/midasbooks

© 초이티처, 미다스북스 2024, *Printed in Korea*.

ISBN 979-11-6910-819-5 (03370)

값 19,000원

미다스북스는 다음세대에게 필요한 지혜와 교양을 생각합니다.

22년 차 초등교사가 알려주는 **6단계** 공부육아 **로드맵**

공부가 쉬운
아이로 키워라

초이티처 지음

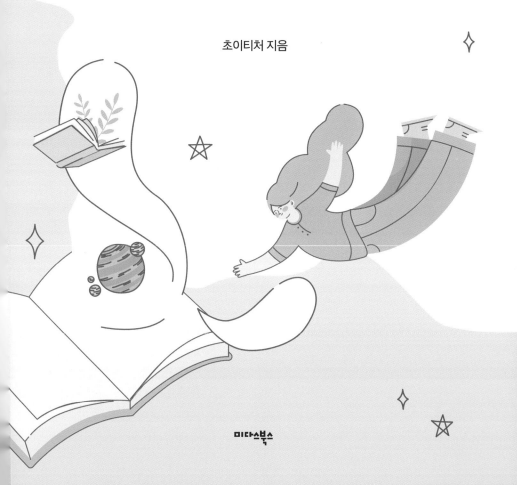

미다스북스

누가 안 된다 그랬어?
나도 했잖아. 너도 충분해!

"엄마, 단원평가 사인해 주세요."

이번에도 100점이다. 공부를 따로 시킨 것도 아닌데, 시험을 알아서 잘 친다. 학교 교과서 한번 봐준 적이 없는데 아이가 공부를 알아서 하고 결과를 만들어 낸다. 학교 공부 대비 문제집도 제대로 푼 적이 없다. 한 번 산 적은 있지만 다른 집처럼 한두 번 풀다가 만 이후로는 사지 않는다. 나 같은 엄마에게서 어떻게 이런 자식이 나왔는지 정말 신기하다. 아이를 키우는 것이 점점 즐거워진다. 아이들이 잘 자라니까 남편이랑 사이도 더 좋아지는 것 같다. 행복은 이런 거구나! 내 가족을 통해서 느낀다. 도대체 어떻게 이렇게 잘 풀리고 있는 걸까?

결혼 전에는 정말 생각 없이 살았다. 서울에서 자취했기 때문에 월급

받으면 부모님 생활비를 드리고 동생 용돈 주고 남은 돈으로 집세, 생활비, 쇼핑, 외식 등 나를 위해 썼다. 남들은 다 잘사는 것 같은데 나만 벌어도 남는 것 같지 않아 스트레스를 받았고 항상 위축되었다. 그러다 보니 스트레스성 폭식을 했고 살이 찌기 시작했다. 자존감이 바닥을 향해 내려갔다. 쳇바퀴 굴러가는 삶에서 희망이 보이지 않았다. 나에게 남들과 같은 미래가 있을까? 걱정만 있고 노력은 하지 못하던 시절이었다. 상황이 이러니 당장 살이라도 빼야 자존감이 올라갈 것 같았다. 그래야 결혼, 아니 연애라도 할 수 있을 것 같아 유명하다는 다이어트 한의원을 찾아갔다. 다이어트 한약을 지어서 먹기 시작했다. 그러면서 또 저녁에는 거절을 못해 친구들과 맛집을 찾아 서울 이곳저곳을 다녔다. 총체적 난국이었다. 이런 내가 결혼을 할 수 있을까? 정말 의심스러웠다.

　그날도 여느 날과 같은 평범한 날이었다. 퇴근 후에 동료들과 삼삼오오 모여서 맛집을 찾아 저녁을 먹고 식후 커피를 마시고 익숙하게 백화점 한 바퀴를 운동 삼아 걸었다. 오늘도 백화점 매대에서 운 좋게 싸고 예쁜 옷을 고르고 신나게 집으로 오고 있었다. 그때 동생의 전화가 걸려왔다.

"소개팅 할래?"

그렇게 지금의 남편을 만났다. 연애하면서 나는 조금씩 변하기 시작했다. 그동안 함께했던 폭식이 없어졌고, 다이어트 한약을 끊었다. 나를 사랑해 주는 한 사람에 의해서 내가 갖고 있던 마음의 병이 치유되고 있었다. 미래가 조금씩 그려졌다. 사람이, 사랑이 이렇게 중요하구나! 그때부터 알아가기 시작했다.

그러나 아직 정신을 반쯤 차린 상태였다. 결혼했지만 난 아직 철이 없었고, 이기적인 인간이었다. 주는 것보다 받는 것을 좋아하는 전형적인 본능적인 인간이었다. 하지만 아이가 태어나면서부터 상황이 180도 바뀌게 되었다.

아이에게는 내 돈, 체력, 잠, 시간, 모유, 모든 것을 바쳐야만 했다. 그런데 이상하게 하나도 아깝지 않았다. 주는데 정말 막 퍼주는데 기쁘고 신기하고 행복했다. 물론 기쁨과 동시에 두려움도 몰려왔다.

'과연 내가 이 아이를 잘 키울 수 있을까?'

자신이 없었다. 그런데 왠지 잘 키워 보고 싶었다. 나 같은 철없는 보통 여자도 노력하면 잘 키울 수 있지 않을까? 기대감이 생기고 마음 깊은 속에서 이상하게 책임감이 막 솟구치기 시작했다. 그러면서 육아 책을 찾아다녔다. 나는 다시 한번 변화를 느꼈다.

딱히 배울 곳이 없었다. 육아를 책으로 습득했다. 아이를 재우고 나면 틈나는 대로 육아 책을 읽었다. 그렇게 하루에 1시간씩 책을 읽으면서 많은 육아 지식을 공부했다. 그리고 내가 배운 지식을 아이에게 적용하기 시작했다. 푸름이 육아로 아이의 행동이 이해되기 시작하더니 아이의 마음이 읽혔다. 아이가 하는 행동들이 이미 내가 알고 있는 것이니 아이에게 화가 나지 않았다. 다혈질에 목소리 큰 경상도 여자인 내가 우아하게 아이를 키울 수 있었다. 책 육아와 엄마표 영어책들을 탐독하면서는 너무너무 해 보고 싶었다. 당장 책을 사들이고 아이들에게 읽혀 주고 적용했다. 그랬더니 정말 신기하게 아이들이 영어로 말을 내뱉고 책을 가까이하기 시작했다. 너무 신이 났다.

"나도 하면 되는구나!!!"

공부가 쉬운 아이로 키워라

성취감이 마구 올라와서 아이 키우는게 재미있어졌다. 예전의 나는 우울했고, 먹는 것으로 스트레스를 풀었고, 항상 불만이 많았었는데 육아를 공부하면서 나는 즐거웠고, 충만했고, 감사했다. 생각 없이 살던 자존감 낮은 나도 좋은 엄마가 될 수 있다는 사실에 뿌듯했다. 아이들을 재우고 잠드는 내 마음이 감사와 충만으로 얼룩졌다. 사람이 이렇게 기쁜 마음으로 잠을 잘 수 있다니!!! 나는 예전과 다른 사람이 되어 있었다. 완전히 업그레이드되었다!

받은 것이 없어서, 물려줄 것도 없을 것 같아서 아이에게 스스로 살아갈 수 있는 능력을 키워 주고 싶었다. 스스로 배우는 힘을 갖추고 배우는 것이 힘들지 않다면 스스로 세상을 깨우치면서 살 수 있을 거라고 생각했다. 그렇게 공부가 쉬운 아이로 키우는 것이 내 육아 목표가 되었다. 공부의 효율을 높이는 것이었다. 왜냐하면 우리는 할 만하다고 생각해야 시도를 하기 때문이다. 어차피 해도 안 될 것 같으면 사람은 도전하지 않는다. 본능적으로 가능성을 따져 본다.

공부가 쉬운 아이는 공부를 해 볼 만하다고 느끼는 아이다. 공부가 생활 속에 있고 공부가 중요한 줄 알고 내가 공부를 잘할 수 있다는 생각을 가진 아이다. 그런 아이로 키우기 위해서 '어떻게 하면 공부를 잘하게 키울 수 있을까?' 고민하면서 키웠다. 가르치면서 깨닫는 부분들이 많았는데 말할 곳이 없어서 블로그에 기록을 했고 이제 10년이 훌쩍 넘었다. 아이들은 요즘 알아서 학원에 다니고 공부를 한다. 엄마는 이제 보조적인 역할을 할 뿐이다.

많은 사람들이 아이를 키우면서 힘들어한다. 사교육비는 자꾸만 정점을 찍고 다들 나름대로 열심히 키우는 데 성공하는 것은 정말 소수다. 노력 대비 산출 값이 너무나 적다. 그런데도 내 아이가 잘되기를 바라는 마음에 우리는 지갑을 연다. 시키는 대로 한다. 하지만 자식을 내 뜻대로 키우는 게 너무 어렵다. 돈은 돈대로 쓰고 마음은 마음대로 상하고 체념하며 될놈될 할놈할 이론을 자연스럽게 믿게 된다.

공부에도 단계와 방향이 있다. 아이가 자라면서 아이에 따라서 단계와 방향을 바꾸어야 한다. 그걸 해 주지 못해서 엄마의 노력이 아이에게 제대로 전달되지 못하고 허공으로 맴돈다. 공부의 선순환이 이루어져야 하는데 어느 순간 악순환이 된다. 이쯤 되면 놔두고 엄마 인생 찾으라고 하지만 사실 그것도 말처럼 쉽지 않다. 자식이 잘돼야 가정이 평화롭고 행복한 건 누구나 공감하는 사실이다. 자식이 잘되길 바라는 마음은 부모의 본성이기 때문이다.

　나는 유전자도, 재력도, 환경도 좋지 않았다. 뭐 하나 내세울 것 없었고 제대로 된 30평대 아파트에서 아이들에게 방 하나씩 마련해 주면서 키우면 소원이 없겠다고 생각했다. 하지만 이렇게 애매하니까 뭔가 더 노력해야 할 것 같았다. 그래서 육아 책을 보면서 아이를 잘 키운 사람들을 따라 했다. 내가 그런 엄마처럼 하면 아이도 변할 것이라고 믿었다. 정말 신기하게도 내가 바뀌니까 아이가 변하고 내가 주는 것을 쏙쏙 받아들이는 게 느껴졌다. 그때부터 기록을 하고 공부를 잘 시키는 방법을 찾기 시작했더니 공부에도 단계가 있다는 것을 알았다. 노력을 하려면 제대로 된 방향으로 해야 한다.

공부의 6단계

1. 공부는 공기다

2. 공부는 재미다

3. 공부는 습관이다

4. 공부는 끈기다

이 책에서는 직접 실천하고 고민하여 깨달은 6단계 공부육아의 비법을 담았다. 인생 노답이었던 나도, 명문대 나오지 않은 나도, 물려받은 재산 1도 없는 나도 잘 키우겠다는 마음 하나로 공부했더니 아이를 잘 키울 수 있었다. 사춘기인 아들이 아직도 "엄마, 사랑해!"라고 한다. 6학년인 딸이 스스로 공부를 찾아서 한다. 사람들이 내게 물어본다. 어떻게 아이를 잘 키우냐고.

아무것도 없던 나도 했는데, 당신이 못할 이유가 무엇이 있겠는가!

사람은 누구나 처음에 이기적이고 자기중심적인 존재로 태어난다. 하지만 누군가에 의해서 인간은 성숙해지고 타인을 생각할 줄 아는 존재로 변해 간다. 그 누군가는 엄마일 확률이 높다. 아이들은 본능적으로 엄마를 사랑하고 엄마에게 의지하고 엄마를 통해 배우기 때문이다. 공부육아를 하면서 멋진 엄마가 되어 보자! 행복한 가정을 이뤄 보자! 인생 뭐 있나? 가화만사성! 행복하면 됐지!

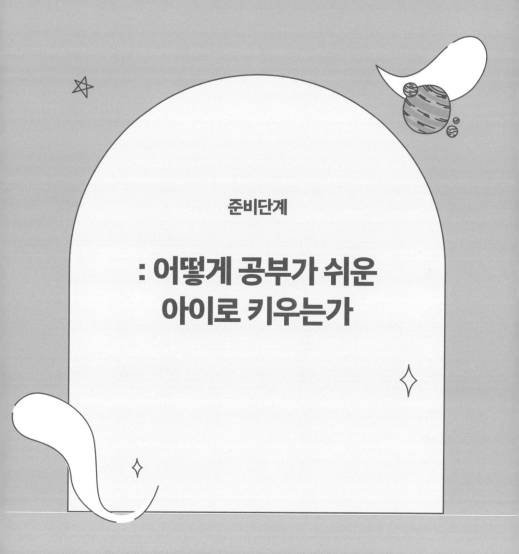

준비단계

: 어떻게 공부가 쉬운 아이로 키우는가

"당신이 세상을 변화시키기 위해서 할 수 있는 유일한 일은
당신 자신을 변화시키는 것이다."

- 비트겐슈타인 -

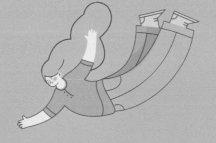

다이어트 약 먹고 맛집 다니던 여자,
정신 차리다

20대에 멋모르고 올라온 서울살이는 만만치 않았다. 그럼에도 불구하고 나는 딱히 큰 계획이 없었다. 인간은 가능성이 있어야 그 일에 뛰어드는데 나는 그런 희망이 보이지 않았기 때문에 그냥 되는대로 앞만 보며 살았다. 월급을 받으면 부모님 생활비와 동생 용돈을 주고 남은 돈으로 생활했기에 항상 돈이 부족했다. 그 안에서 어떻게든 내가 하고 싶은 걸 하려고 애썼다. 매일 주어진 일을 하고 퇴근하면 맛있는 음식을 사 먹고 소소한 쇼핑을 하면서 욕구를 충족시켰다. 배우고 싶은 것이 있으면 가서 배우고 신촌, 홍대, 강남, 압구정, 잠실 등 서울 곳곳을 쏘다니면서 맛집을 찾아다녔다. 현재에 충실했다. 미래는 딱히 생각하고 싶지 않았다. 생각해도 뾰족한 수가 없었기 때문이다. 그저 답답하기만 했다.

이렇게 살다 보니 어느 순간 스트레스가 쌓였다. 나는 일도 하고 돈도 벌고 열심히 사는 것 같은데, 아니 남들도 다 나처럼 사는 것 같은데 왜 나만 이렇게 밑 빠진 독에 물 붓는 것 같은지 답답했다. 겉으로는 아닌 척했지만 속은 썩어 가고 있었다. 그래서 혼자 있을 때 폭식을 하기 시작했다. 채워지지 않는 공허함을 먹는 것으로 채웠다. 저녁이 되면 근처 슈퍼에 가서 간식들을 이것저것 사서 집에 와서 혼자 먹으면서 지냈다. 당시에 몽쉘통통 한 박스는 입가심 정도였다. 그랬더니 어느 순간 몸무게가 훅 늘어났다. 허해서 먹었는데 실컷 먹고 나니 배 속이 꽉 채워진 기분이 사실 너무 안 좋았다. 최악이었다.

그때 우연히 결혼을 앞둔 친구가 다이어트 한의원을 다니고 있다는 걸 알게 되었다. 고민하다 결국 나도 친구가 말한 그 다이어트 한의원을 몰래 찾아갔다. 먹는 데 돈을 쓰고 빼는데 더 큰 돈을 썼다. 내 의지로 조절이 안 되었기 때문에 한약을 먹어서 식욕을 떨어뜨리려고 했다. 약을 먹으니 정말 식욕이 갑자기 확 줄었다. 이대로 안 먹으면 살이 빠지고 기분도 좋아질 것 같았다. 그러나 역시 친구들이 또 나를 부르기 시작했고, 마음이 허한 나는 결국 거절하지 못하고 나가서 맛집을 또 돌아다녔다. 부끄러워서 다이어트 약 먹는다는 말은 하지 못한 채…. 몰래 약을 먹으면서 친구들을 만났다. 말 그대로 총체적 난국이었다.

제대로 되는 것이 없어 마음은 불안했고 그렇다고 이것을 헤쳐 나갈

공부가 쉬운 아이로 키워라

용기도 의지도 크게 없었다. 말했듯이 가능성이 보이지 않았기 때문이었다. 이건 내 잘못이 아니다. 남들은 집에서 이것도 해 주고 저것도 해 주는데 나는 혼자서 다 하면서 살다 보니 어차피 게임이 안 된다고 불만만 늘어놓았다. 답답하고 불행했다. 내 앞에 가로막힌 장벽이 남들보다 큰 느낌이었다. 내가 할 수 있는 건 그저 내가 즐길 수 있는 소소한 행복들을 찾아서 다니는 것뿐이었다. 정신을 못 차리면서 그렇게 매일매일 살았다.

그날도 다른 날과 같은 날이었다. 퇴근 후에 명동에 있는 파스타 맛집에 가서 줄을 서서 먹고 인증샷을 찍었다. 디저트로 신상 카페에 가서 커피를 마시고 운동 겸 롯데백화점을 한 바퀴 돌았다. 마침 매대에 행사하는 제품이 있어서 친구랑 뒤져 봤는데 운 좋게⑩ 할인된 가격으로 예쁜 옷을 득템하고선 우린 돈 벌었다며 말도 안 되는 소리를 하며 백화점을 나서고 있었다. 그때, 동생의 전화가 걸려 왔다.

"소개팅 할래?"

"콜!"

그렇게 남편을 만났다. 불행하던 내 20대 끝자락에 나를 사랑해 주는 사람을 만났다. 신기하게도 내 마음의 병이 저절로 낫기 시작했다. 그 동안 하던 폭식이 점점 사라졌고 다이어트 약도 먹지 않게 되었다. 맛집 다니던 친구들도 끊었다. 대신 요리를 하기 시작했다. 남자친구에게 맛 있는 음식을 해 주고 행복해하며 좋아하는 걸 보는 그 느낌이 좋았다.

그때 깨달았다.

'아! 사람이 사람을 변하게 하는구나!'
'모든 것은 마음에 달린 거구나!'

조건 없이 나를 사랑해 주는 한 사람에 의해서 사람은 이렇게 변할 수 있고 마음이 치유될 수 있는 존재였다. 스스로 보잘것없다고 생각하 며 자존감이 바닥을 찍던 나였지만 이런 나를 예쁘다고 사랑한다고 말 해 주는 존재가 있다는 것은 나를 지하 바닥에서 지상으로 끌어 올려 주 었다. 막막했던 내 삶에 조금씩 빛이 비치는 기분이었다. 나도 뭔가 좀 더 노력하고 싶어졌고 의지가 생기기 시작했다. 살도 빠졌다. 먹는 습관 을 바꾸었고 좀 더 예뻐 보이고 싶었기에 내가 스스로 조절을 할 수 있 었다. 나를 바라봐 주는 내 편이 있다는 생각에 마음에 안정감이 드니까

공부가 쉬운 아이로 키워라

자신감도 점점 생기기 시작했다. 나도 이제는 결혼하고 가정을 꾸릴 수 있을까? 조금씩 미래를 그려 보기 시작했다.

자연스럽게 결혼하게 됐다. 마냥 행복했다. 그러나 뭘 몰랐다.

결혼하자마자 아이가 생겼다. 역시 좋았다. 하지만 별생각이 없었다. 내 마음의 병은 치유되었지만 난 아직 받기 좋아하는 본능적인 인간이었기 때문에 받는 사랑의 기쁨만 알고 있었지, 주는 사랑의 기쁨이 어떤 것인지 전혀 몰랐다. 아이를 낳기 전까지.

아이를 낳고 보니 세상이 달라졌다. 나는 왕비에서 시녀로 급하락했다. 아이가 깰까 봐 조심조심 모시듯 안아야 했고 재우고 입히고 먹이는 데 내 모든 걸 바쳐야 했다. 나의 돈, 시간, 체력, 모유까지 쪽쪽 뽑아 바쳤다. 그런데 정말 신기하게도 퍼주고 퍼주고 계속 퍼주는데 하나도 아깝지 않았다. 오히려 너무 사랑스럽고 예쁘고 신비로웠다. 처음 느끼는 감정이었다. 아이가 내게 웃음만 지어 주어도 나의 모든 노력을 잊고 어쩔 줄 몰라 하며 행복했다.
그러나 기쁨도 잠시…. 아이가 조금씩 크면서 기쁨과 함께 두려움이 생기기 시작했다. 나는 유전자도 애매하고, 재력도 없고, 좋은 환경도 아닌 곳에서 아이를 키우고 있는데, 게다가 난 정말 철없는 인간인데 이런 내가 과연 아이를 잘 키울 수 있을까? 예전에 느낀 불안감이 다시 심부 아래에서 스멀스멀 올라오고 있었다.

눈물이 났다. 난 아이에게 투자할 돈도, 아이를 잘 키울 집도 없는데 이 아이를 데리고 어디서 어떻게 키워야 할까 막막했다. 눈물이 하염없이 흘렀다. 내 인생은 결국 상상하던 대로 꿈꾸던 대로 안 되는 거구나. 끔찍해서 생각하기가 싫었다. 남편에게 전화해서 우리 이제 어떡하냐고 울기만 했다. 다시 총체적 난국이 돌아왔다.

그날도 아이를 안고 바보처럼 눈물을 흘리고 있었다. 이 작은 아이를 데리고 난 잘살 수 있을까 막막했다. 눈물이 흘러 아이 얼굴에 뚝뚝 떨어졌다. 그때 아이 표정이 내 눈에 들어왔다. 아이는 엄마가 어떤 마음인지도 모르고 그저 나만 바라보고 있었다. 아이는 순수했다. 세상에 아무것도 모르고 태어났지만, 본능적으로 엄마라는 존재를 알고 나를 의지하고 있었다. 순간 정신이 퍼뜩 들었다. 못난 사람이 되면 안되겠다. 아이에게 미안한 엄마가 되지 말자. 아이를 잘 키워 보자! 하고 정신을 차렸다.

공부가 쉬운 아이로 키워라

하루 1시간,
공부가 쉬운 아이의 탄생

아이를 잘 키워 보고 싶었지만 막상 배울 곳이 없었다. 무작정 네이버 검색을 하고 육아 책을 찾아보기 시작했다. 아이가 깨어 있을 때는 아이에게 집중하고 아이가 잠들면 낮이든 밤이든 10분이라도 육아 책을 읽었다. 의지할 곳이라 곤 책밖에 없었기 때문에 하루에 꼭 1시간은 책을 읽자고 다짐하고 꼭 지켰다. 그랬더니 1년에 대략 50여 권의 책을 읽을 수 있었다. 그게 쌓이니 아이가 초등학교에 입학할 때쯤에 300권의 육아 책을 읽게 되었다. 책의 힘은 막강했다. 사람은 가만히 있는다고 변하지 않는다. 물리적으로 운동이 일어나려면 힘의 작용이 있어야 하듯이 책은 나에게 힘의 작용점이었다. 힘이 들어오니 내 머리와 마음이 움직이기 시작했다. 사고의 전환이 일어났다. 책 속에 있는 훌륭한 엄마, 아빠들을 따라 하게 되었다. 사람에게는 거울 뉴런이 있다고 하지 않는가? 내 거울 뉴런이 반응해서 나를 괜찮은 엄마로 만들어 가고 있었다.

사실 많은 사람이 육아 책을 읽는다. 특히, 요즘은 교육 유튜브와 책, 블로그, 인스타 등 정보가 넘치고 넘친다. 나 또한 다른 사람들처럼 책을 읽었지만 내가 달랐던 점이 있다면 나는 그들을 그대로 따라 하지 않았다는 점이다. 많은 책을 읽었지만 그 내용 중에서 내가 할 수 있는 것, 나에게 와닿는 내용, 그 책에 대한 내 생각, 나와 맞는 가치관과 맞지 않는 가치관 등을 정리해서 추출했다. 그리고 그것을 나에게 맞게 적용했다.

투입

공부가 쉬운 아이로 키워라

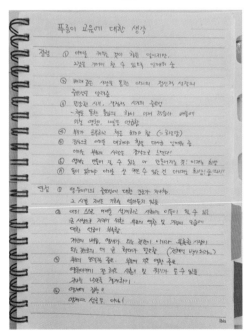

여기에서 가장 중요한 부분은 적용이다. 나에게 맞는 것을 걸러서 적용하다보면 나만의 가치관이 생긴다. 이렇게 가치관이 세워지면 흔들리지 않는 육아를 할 수 있다. 많은 엄마들이 열심히 정보를 수집하고도 대한민국에서의 육아와 교육이 힘든 이유는 자신만의 가치관을 통한 장기적인 계획이 없기 때문이다. 그도 그럴 것이 아이가 자란 미래는 너무나 멀고 어떻게 자랄지 모르겠고 내가 그렇게 키운다고 정말 그대로 자랄지 자신도 없다. 나 또한 그랬다. 하지만 이럴 때일수록 나만의 계획이 중요하다. 사실 우리는 계획이 없기 때문에 어디로 가야 할지 막막하고 어려운 길인 것만 같고 막연하게 불안하기 때문이다.

그러나 목표와 계획이 있으면 시간을 거꾸로 돌려 볼 수 있다. 그래서 시작부터 유리한 고지를 점령할 수 있다. 흔들리지 않는 육아의 시작은 바로 나만의 가치관 정립이고 계획이다.

이때 가장 먼저 만든 것은 나의 육아 십계명이다. 내가 아이를 키우면서 마음에 새기면서 살겠다고 다짐한 10가지의 법칙이다.

공부가 쉬운 아이로 키워라

육아 십계명

1. '육아' 힘들다. 아이를 키우는 난 대단한 여자다. 자부심을 가져라!

2. 힘들게 생각하지 말라. 사고의 전환을 해라. 책을 읽어라.

3. 최선을 다하라. 후회는 하지 마라. 그게 최선이었다.

4. 멘토를 찾아라. 수다만 떨어도 풀린다.

5. 육아에 전념하되 나를 잃지 말자. 나를 찾자. 보상하라.

6. 비교하지 말라. 내 아이가 최고고 최선이다.

7. 옆집 아이가 잘돼야 나도 우리 아이도 잘산다. 정보를 나누어라.

8. 자식은 '떠나보내는 사랑' 그것이 진정한 육아의 꽃이다.

9. 영재는 타고난 것이 아니라 만들어지는 것이다.

10. 포기하지 않으면 성공한다.

육아에 대한 가치관이 이렇게 정립됐다. 육아가 힘들 때마다 내가 만든 십계명을 읽었다. 읽으면 읽을수록 내 가치관이 마음속에 각인되었다. 가치관이 분명해지니까 육아가 힘들지만 괴롭지 않았고 즐거웠다. 몸이 힘들 뿐 아이를 잘 키우고 있다는 생각에 뿌듯했다. 무엇보다 내가 괜찮은 엄마가 되고 있다는 사실이 만족스러웠다. 나는 스스로 대단하다고 여겼다. 실제로 아이가 4살, 2살이던 시절에 우리 아랫집에 웅진 책을 팔던 친구가 있었다. 그 친구가 자꾸 책을 사라고 우리 집 문을 두드리곤 했었다. 나는 휴직을 하고 남편을 따라 다른 지역으로 이사를 한 상태여서 그곳에 친구가 한 명도 없었기에 한두 번 문을 열어 주었다. 그 친구는 올 때마다 이것저것 내게 권했는데 한 번은 육아 태도 검사를 해보라고 했다. 그런데 검사 결과가 놀라웠다. 나의 육아 스트레스가 0%였다. 친구는 놀랐지만 나는 알고 있었다. 난 정말 행복했다. 비록 내 모습은 만년 줄무늬티셔츠에 검은 고무줄로 질끈 머리 묶는 애 키우는 아줌마일지라도….

지금이라도 늦지 않았다. 나만의 육아 바이블을 만들어 보자. 내가 육아를 어떤 마음으로 하는지, 무엇이 중요하다고 생각하는지 돌아보자. 내가 내 마음을 잘 모르겠다면 대결을 시켜 보면 된다. 공부 vs 인성, 나의 행복 vs 아이의 행복 이런 식으로 비교를 해 보면 내 마음이 보인다. 엄마의 양육관이 바로 서면 아이를 키우면서 흔들리지 않고 한 방향을 갈 수 있다.

공부가 쉬운 아이로 키워라

다음으로 육아의 목표와 계획을 세웠다. 내가 원하는 것과 내가 바라는 아이의 모습을 생각했다. 남편과 나는 부모님에게 물려받은 재산 하나 없이 결혼하고 가정을 꾸렸기 때문에 자신의 능력이 중요하다고 생각하며 살았다. 그리고 그 능력은 공부였다. 계층 사다리가 없어졌다고 하지만 그래도 학생 신분으로 스스로 무언가를 얻어낼 수 있는 것은 공부였다. 즉, 우리처럼 제로베이스에서 생각했을 때 아이가 공부를 쉽게 잘 할 수 있는 능력을 갖춘다면 우리가 재산을 물려주지 않아도 스스로 도전해서 자신이 원하는 미래를 만들어 갈 수 있을 거라고 생각했다. 그렇게 공부가 쉬운 아이로 키우기가 내 육아 목표가 되었다.

공부가 쉬운 아이는 내가 공부를 잘할 수 있다고 믿는 아이다. 공부가 내 생활 속에 있고 공부가 중요한 줄 알고 공부의 효율이 있어 해 볼 만하다고 생각하는 아이다. 이 공부는 학교 공부다. 그래서 학교 교육과정에 있는 과목별 균형을 맞추어 능력을 키우는 것을 목표로 한다. 국, 영, 수, 사, 과, 예체능의 6개의 과목으로 영역을 정하고 그에 맞게 플랜을 짠다.

첫 플랜은 첫째가 4살이었을 때였다. 그 당시 과목별로 아이에게 해 줄 수 있는 것들을 썼다. 그리고 그렇게 매일 실천했다. 계획은 계속 수정되고 더해졌다. 아이의 나이에 맞게 계획을 세우고 그것을 실천하고 다시 계획을 세우면서 지금까지 이어 왔다. 그렇게 쓴 노트가 우리 역사의 시작이 됐다.

공부가 쉬운 아이로 키워라

공부의 3원리
: 결과, 감정, 역시간의 원리

공부에 대해서 생각해 본 적이 있는가? 공부란 무엇일까? 많은 부모들이 아이에게 공부를 시키면서 공부란 과연 어떤 것인지 생각해 보지 않는 사람들이 많다. 누군가가 한 말을 듣고 그렇다고 생각하고 선생님이, 학원에서, 책에서, 유튜브에서 보고 들은 이야기들을 의심 없이 그냥 믿는다. 왜냐하면 그들이 나보다 전문가라고 생각하기 때문이다. 대부분의 사람들이 전문가가 주는 정보를 무비판적으로 수용한다. 사실 어찌 보면 이건 우리가 받은 주입식 교육의 결과다. 우리는 그렇다면 그런 줄 안다.

공부가 쉬운 아이로 키우려면 일단 공부가 무엇인지 파악해야 한다. 세상의 모든 전문 서적이 처음에 개념과 성격으로 시작하는 것과 같은 이치다. 개념과 성격이 바로 서야 제대로 된 공부의 방향이 세워진다.

막연히 어렵다는 생각만 하지 말고 공부에 대해서 한 번쯤 고민해 보자.

공부는 한자로 '工夫'라고 쓴다. 학문이나 기술을 닦는 일이다. 여기에서 중요한 것은 닦는다는 의미다. 배운 것을 갈고 닦는 '시간'과 '노력'이 필요하다는 것이다. 시간과 노력이 쌓여야만 공부를 잘하게 된다. 즉, 공부를 잘하게 하기 위해서는 기본 세팅 값을 높여야 한다.

공부가 잘되는 기본 세팅에는 3가지 원리가 있다. 공부는 이 원리에 의해 움직인다.

1) 결과의 원리

"결과보다 노력이 중요하다."라는 말은 많이 들었을 것이다. 아이 공부의 결과보다 노력을 칭찬해야 한다고 우리는 주입식으로 알고 있다. 하지만 공부야말로 진짜 결과가 중요하다. 철저히 결과 중심이다.

예를 들어 보자. 우리는 고등학교를 살펴볼 때 서울대 입결을 가장 먼저 본다. 서울대를 많이 보내는 학교가 공부를 잘 가르치는 학교라고 생각한다. 학원을 선택할 때도 수강생들의 성적향상 결과를 본다. 우리 아

공부가 쉬운 아이로 키워라

이가 뛰어나게 잘하면 주변에서 관심을 보인다. 좋은 성적을 내면 선생님의 대우도 달라진다. 모두 결과에 따라 인정받는다.

현재 알려져 있는 여러 가지 공부 방법도 사실 성공한 케이스를 분석해서 결과를 가져온 것이다. 우리는 서울대 나온 사람들의 유튜브를 보고 시험에서 1등 한 아이가 무슨 학원에 다니는지 궁금해한다. 아무리 열심히 한 친구라도 결과가 안 좋다면 분명히 어디에 문제가 있을 것이라고 여기지 그 친구를 인정하지 않는다. 안타깝지만 현실이다.

노력이라는 아름다운 말은 결과를 수반했을 때 비로소 아름다워지는 것이지 결과가 좋지 못하면 인정받지 못한다. "노력했으면 됐어!"라는 달콤한 위안에 속지 말자.

내 아이의 공부도 그렇다. 열심히 하는 것도 중요하지만 좋은 결과가 나와야 엄마도 아이도 할 맛이 난다. 결과를 통해 성취감을 얻으면 그 성취감이 우리 뇌 속의 도파민을 자극한다. 그것은 즐거운 경험이기 때문에 다시 겪어 보고 싶은 마음이 들고 좀 더 높은 단계로 도전하게 된다. 다시 노력의 길을 걸을 수 있게 된다. 그래서 아이가 느끼는 성취감은 공부에 있어 정말 중요하다. 그래야 공부의 선순환이 이루어지기 때문이다.

공부에서 결과가 중요하다고 하면 많은 사람이 오해한다. 결과에 집착하고 그것을 끌어내기 위해 아이를 잡는다. 숙제를 다할 때까지 안 보내 주고 어려운 공부를 시킨다. 결과에 집착한다. 그러다 아이와 싸우고 아이는 공부에 질려 버린다. 결국 엄마는 "네가 그렇지~ 되는 놈은 다 타고나는 거야!" 하고 포기해 버린다.

여기에서 결과는 아이가 해낼 수 있는 정도의 결괏값을 의미한다. 스스로 도전해서 만들 수 있는 정도의 과제를 주어야 한다. 아이가 성취감을 느낄 수 있는 방법으로 접근해야 한다는 말이다. 무조건 아이에게 결과를 내야 한다고 집착하고 강요하는 것이 절대 아니다. 오해하지 말자! 잘못하다 애 다친다.

2) 감정의 원리

세상에는 많은 공부 방법이 있다. 1등의 공부법, 서울대 공부법 등등 이렇게 해라. 저렇게 해라. 참 친절하게 많이도 가르쳐 준다. 그런데 아무리 좋은 공부 방법들을 익히고 아이에게 가르쳐 주어도 내 아이에게 적용하기가 쉽지 않다. 아이에게 맞는 방법이 아니기 때문이다. 이건 마치 남의 옷을 입은 것과 같다.

특히, 성공한 사람들은 누구나 자신의 방법이 옳다고 생각한다. 자신이 그 증거이기 때문이다. 그러나 많은 아이들이 공부하지 않는 것은 공부하고 싶지 않기 때문이고 공부를 왜 해야 하는지 모르기 때문이다. 방법은 그다음 문제다.

5학년 때 만난 지후는 구구단도 더듬거릴 만큼 공부가 힘든 아이였다. 공부 시간마다 엎드려 있거나 하기 싫어했다. 그러나 한 학기가 끝날 때 지후는 달라져 있었다. 책이라고는 한 자도 읽지 않던 지후가 공부가 끝나면 "저 한국사 책 읽을게요. 가르쳐 주세요." 하면서 나에게 다가왔다. 대단한 공부 방법을 쓴 것이 아니었다. 그저 공부에 대한 마음이 달라지니 아이가 변했다.

지후가 공부를 하고 싶도록 유도했다. 지후가 할 수 있는 정도의 공부를 하게 해주고 잘 해내면 칭찬해 주고 인정해 주었다. 아이가 수업 시간에 인정받고 아이 스스로 된다고 느끼니까 공부가 하고 싶어지기 시작한 것이다.

　이처럼 방법보다 중요한 것이 감정이다. 공부는 감정에 의해 움직인다. 하고 싶은 마음이 들어야 쉽게 시작할 수 있고 하다 보면 자신만의 방법이 생긴다.

　감정의 원리에 의해 공부는 하고 싶은 것으로 이어져야 한다. 감정의 원리에서 지켜야 할 원칙은 두 가지다. 첫째는 공부를 하고 싶어 하는 마음이 들게 하는 것이고 둘째는 공부를 하기 싫어하는 마음이 들지 않도록 하는 것이다. 당연하게 들리지만 많은 사람이 이 점을 간과한다. 학원에서 시키는 대로 하기 때문이다.

　공부하고 싶은 마음이 들게 하려면 아이가 인정받아야 한다. 결과의 원리와 연결된다. 아이가 인정받으면 '내가 할 수 있을까?'라는 자기 의심이 점점 사라지고 나는 할 수 있는 사람이 되고 내 정체성이 공부 잘하는 아이로 자리 잡힌다. 그래서 아이를 고무시키는 일은 정말 중요하다.

　공부하기 싫어하는 마음이 들지 않도록 하는 것은 반대로 아이를 깎아내리지 않는 것이다. 아이에게 "이것밖에 못 해?"라며 아이를 닦달하는 것은 아이의 공부 자존감을 꺾는 일이다. 자기 의심을 끊임없이 하게 되고 결국 난 못하는 사람이 된다. 특히, 어릴 때부터 책상에 앉혀 놓고

　　　　　　　　　　　공부가 쉬운 아이로 키워라

공부를 시키면서 못하면 혼내고 벌을 받는다면 공부란 나를 힘들게 하는 짜증 나는 것으로 생각하게 된다. 이런 마음으로는 공부를 지속해서 하기 힘들다.

명심하자! 공부는 감정에 의해 움직인다. 공부는 감정이 중요하다!

3) 역시간의 원리

시간의 흐름은 과거-현재-미래로 이어진다. 우리는 항상 그렇게 배워왔다. 열심히 한 과거가 있었기 때문에 지금 편하게 살 수 있고 지금 열심히 해야 미래에 행복해질 수 있을 것이라고 생각한다. 아이들도 지금 열심히 공부해야 다음 시험을 잘 칠 수 있다고 막연히 생각하며 공부한다. 그러나 이게 바로 우리의 공부가 힘들어지는 이유다.

공부의 시간은 역으로 흐른다. 내가 이번 시험에 100점을 맞을 것이기 때문에 나는 100점 맞는 사람처럼 공부한다. 우리 아이는 공부를 잘할 것이기 때문에 내가 그런 아이를 키운 엄마로 행동한다. 결괏값에 따라 움직이는 것이다.

이미 나는 그런 사람이기 때문에, 나는 그렇게 될 것을 알기 때문에 지금 공부하고 아이를 키우는 것이 힘들어도 이것을 힘듦으로 여기지 않는다. 모두 지나가는 과정이라는 것을 알고 결괏값에 필요한 시간이자 에피소드라는 것을 알기 때문이다. 미래에 대한 앎이 있으면 현재가 두렵거나 불안하지 않다. 부족하고 힘들어도 즐기면서 견디는 힘이 생긴다.

교대 4학년 때 임용고시를 준비할 때였다. 대부분의 동기가 자기가 살던 지역으로 지원해서 시험을 쳤다. 지금과 다르게 우리가 시험을 치던 시기에는 교사 인원을 많이 뽑던 시절이었기 때문에 엄청 열심히 하는 분위기가 아니었다. 나는 객기를 부리며 서울로 시험을 치겠다고 했다. 주위 선배들이 나에게 서울병에 걸렸다며 쯧쯧거리면서 나를 바라봤다. 하지만 상관없었다. 나는 서울에 시험을 쳐서 붙을 것이고 당신들은 나를 대단하다고 여길 거니까. 미래가 내 눈에 보였다.

나는 누구보다 열심히 공부했다. 서울에 시험을 치면 서울교대 졸업생들이 갖는 지역가산점 5점이 나에게는 없었기 때문에 불리한 게임이었다. 아침 일찍 일어나 학교 도서관에 항상 5등 안으로 도착했다. 모든 인간관계도 끊었다. 다니던 모임을 끊고 술도 일절 마시지 않았다. 4학년 때는 마지막 교생 실습 기간이 있었다. 실습은 항상 긴장하고 있어야 해서 퇴근 시간이 되면 다들 피곤했다. 게다가 퇴근 후에는 실습일지도

공부가 쉬운 아이로 키워라

써야 하고 수업 준비도 해야 해서 쉴 틈이 없었다. 다른 친구들은 그날 실습 시간이 끝나면 보통 집으로 갔지만 나는 항상 학교 도서관으로 가서 공부하고 10시에 집으로 갔다. 나는 서울 임용고시에 붙은 사람이니까 그것에 맞게 공부했다. 남들과 달라야 했다. 나는 합격할 것을 알았고 미래에 대해 의심하지 않았기에 불안하거나 힘들지 않았다. 결과는 당연히 합격!

"나는 좋은 엄마가 될 것이다!"가 아니라
"나는 좋은 엄마이다."라고 하라.
"우리 아이는 공부를 잘할 것이다."가 아니라
"우리 아이는 공부를 잘한다."라고 하라.
내가 만든 미래에 맞추어 살면 우리는 그런 삶을 살게 된다.

아이를 키우다 보면 수많은 어려움과 힘든 순간들을 겪게 된다. 아이를 키우면서 내 몸과 마음이 부서지도록 약해지는 순간들이 있었다. 유행성 결막염, 방광염 등 온갖 염증이 나를 공격해 병이 생기기도 했지만 그런 몸으로도 나는 엄마이기에 아이를 돌봐야 했다. 그렇게 애지중지 키운 내 아이가 살면서 겪는 어려운 순간들을 마주해야 했고, 아이가 스트레스로 힘들어하고 병을 얻는 어려움 속에서도 나는 엄마의 자리를 지키기 위해 눈물을 흘리면서 고군분투했다. 그때마다 무너지지 않고 나를 일으켜 세운 것은 다른 사람이 아닌 바로 나. '좋은 엄마', '위대한 엄마'라는 미래의 나였다. 미래의 성숙한 내가 어깨를 토닥이며 "걱정하지 마. 다 잘 될 거야."라고 말해 주면 다시 힘이 났다. 나는 훌륭한 엄마이기 때문에 위기가 와도 매몰되지 않고 어떻게 이것을 헤쳐 나갈까를 고민하고 방법을 찾아갔다.

아이의 공부도 그러하다. 책을 좋아하는 아이라는 미래를 갖고 그에 맞게 행동하면 그렇게 아이가 살게 된다. 노력하면서도 불안한 이유는 시간의 흐름을 제대로 인식하지 못했기 때문이다. 재벌집 막내아들처럼 미래에 대한 확신을 갖고 그것에 맞게 공부하면 삶이 달라질 것이다.

지금부터 외쳐라! 나는 좋은 엄마이다! 우리 아이는 내가 바라는 대로 잘 큰다!

공부육아 6단계,
스위치를 바꿔라

공부에도 단계가 있다. 공부의 흐름은 아이의 발달 단계와 맞닿아 있다. 아이의 몸과 마음이 자라듯이 공부도 단계별로 적용해야 하는 방법이 다르다. 열심히 공부시키지만 실패하는 이유가 바로 여기에 있다. 공부 단계에 맞게 공부를 시켜야 하는데 아이의 단계에 맞지 않는 공부를 시키면서 강요하거나, 아이가 자랐는데 거기에 맞게 스위치 전환을 못 해 주었을 때 잘되다가 정체기를 겪는다.

1학년 담임을 할 때였다. 어머니는 중학교 선생님, 아버지는 고등학교 선생님이신 학부모님께서 상담을 오셨다. 아이가 무엇이든 하다가 힘들어지면 자꾸만 울고 떼를 써서 지도하기가 너무 어렵다고 하셨다. 사실 나는 속으로 중고등학교 학생들을 가르치시니 입시정보도 많이 알고 계시고 참 부럽다고 생각했었지만 실상 그렇지 않았다. 오히려 중고등학생들만 가르치니 유치원, 초등시기 아이들의 발달과정을 잘 모르고 계셨다. 고등학교 선생님 입장에서는 이미 만들어진 아이들이 와서 공부하니까 잘하는 아이들이 어떻게 그렇게 잘하는지 모른다는 것이었다. 그 말씀을 듣고 '아! 그럴 수 있겠구나. 아이의 발달 단계를 이해하는 게 중요하구나!'라는 생각을 했다.

공부는 아이의 발달 단계에 맞게 이루어져야 한다. 좀 더 긴 흐름으로 높은 곳에서 바라볼 줄 알아야 한다. 높은 빌딩에서 보면 목적지까지 가는 길의 변화가 다 보이는 것처럼 내려다보아야 한다. 내가 도로 위에 있으면 500m 앞에서 우회전하면 오르막길이 있다는 것을 알 길이 없다. 그때 우리가 의지하는 것이 내비게이션이다. 지금 말하는 6단계 공부육아가 바로 여러분의 공부 내비게이션이다. 길을 알고 보면 다음에 올 오르막길도 대비하고 갑작스러운 유턴에 당황하지 않을 수 있다. 어차피 이 길은 목적지로 가는 길이고 지금 오르막길이 힘들긴 해도 곧 내리막길이 온다는 걸 알고 있으니까 불안하거나 두렵지 않다.

낯선 곳을 갈 때는 내비게이션을 켜고 가는 게 당연한데, 정작 중요한 공부에서는 안 켜는 사람이 많다. 자, 지금부터 공부육아로 내비게이션을 켜 보자!

1단계: 공부는 공기다

어린 시절의 공부는 공기와 같다. 공부는 있는 듯 없는 듯 그냥 나의 생존환경과 같은 존재다. 우리가 숨을 쉬고 있지만 공기를 느끼지 못하는 것처럼 공부도 그렇게 자연스러워야 한다. 공부가 그냥 삶이라는 것을 느끼는 단계다. 눈뜨면 책이 내 옆에 있고 책을 읽어 주는 엄마, 아빠가 있다. 삶에서 내 주변에 "이건 나무고 이건 새야."라고 알려 주는 누군가가 있다. 세상은 배워가는 곳이다. 공부는 자연스러워야 한다. 화려한 교구와 선생님은 필요 없다. 나의 생존을 돌봐주는 사람이 공기처럼 나에게 세상을 알려 주면 아이는 자연스럽게 배우게 된다.

2단계: 공부는 재미다

아이가 걷기 시작하면 호기심 대왕이 된다. 한시도 가만히 있지 못하고 세상을 탐색하기 시작한다. 무엇이든 만지고 올라가고 시도해 본다. 몸으로 탐색하기 때문에 어른의 눈에는 위험해 보이는 순간들이 많다. 이때는 아이에게 재미있게 가르쳐야 한다.

앉아서 하는 학습보다 재미있게 공부를 가르쳐야 아이가 잘 따라온다. 수학 학습지를 앉아서 풀리기보다 칠판을 갖다 놓고 선생님 놀이를 하면서 문제를 푼다. 잠자리에서 이야기를 들려주면서 연산 문제를 내면 아이들이 서로 문제를 내달라고 조른다. 지루한 연산, 구구단을 보드 게임으로 하면 아이가 먼저 하자고 한다. 좋아하는 자동차 책을 사 주면 그걸 보면서 아이가 한글 연습을 저절로 한다.

유아기의 공부는 재미있어야 쉽게 간다. 앉아서 연필 잡고 공부시키는 건 5분부터 시작해서 점점 시간을 늘려가는 것이지 처음부터 책상 공부로 시작하면 엄마가 애 잡는 날이 펼쳐진다.

3단계: 공부는 습관이다

초등시기부터는 공부의 습관을 들여야 한다. 초등학교 교육과정은 정해진 과목의 수업과 평가가 있고 학교에서는 꾸준히 해야 하는 학업이 있기 때문이다. 본격적인 시간과 노력이 투입되는 공부가 시작된다. 또한 학교에서는 규칙적인 생활을 하고 40분의 수업, 10분의 쉬는 시간이 주어진다. 지금부터는 습관 게임이다.

한자리에 앉아서 공부하는 습관, 매일 정해진 공부를 하는 습관을 들여야 학교생활이 편하다. 매일 책을 읽고 수학 문제집을 풀고 영어 집중

듣기를 하는 등의 매일의 루틴을 갖고 공부해야 한다. 하루의 공부량을 채운 후에 놀 수 있는 시스템을 만든다. 하루에 양치를 3번 하는 것처럼 공부를 당연하게 여길 수 있는 습관을 만든다. 공부란 경험치에 의한 결과지 그냥 알아서 되는 건 없다.

4단계: 공부는 끈기다

습관을 잘 들였다면 이제 공부에 엉덩이 힘을 추가해야 한다. 공부란 시간과 노력의 결과물이라고 이야기했다. 특히, 학년이 올라갈수록 공부의 난이도가 올라가기 때문에 아이의 끈기가 필요하다. 어릴 때는 자유롭게 키우고 싶어서 놀리다가 고학년이 되면서부터 공부를 시키면 아이와의 갈등이 시작된다. 아이는 준비가 되어 있지 않기 때문이다. 반드시 전 단계를 통해 공부를 습관화해야 자기 노력으로 잘 넘어갈 수 있다.

습관이 양치를 3번 해야 하는 것처럼 당연히 해야 하는 일이라는 자기 인식의 의미라면, 끈기는 그냥 하는 것을 넘어 내 노력으로 열심히 해야 하는 의지를 의미한다. 이 단계는 초등고학년부터 중고등까지 쭉 이어지며 자기 공부를 완성해가는 단계다.

5단계: 공부는 감정이다

공부는 감정에 의해서 시작된다. 공부를 하고 싶게 만드는 것이 공부 감정이다. 이쯤 되면 궁금하다. 감정이 왜 5단계일까? 공부에서 감정이 가장 중요한 시기가 사춘기이기 때문이다. 사춘기 때 공부는 종잡을 수 없다. 사춘기 호르몬에 의해 잘 해오던 공부에 집중이 안 되기도 하고, 감정의 기복이 심해져서 화가 잘 나기도 한다. 지금까지는 시켜서 공부했지만 내가 왜 이걸 해야 하는지 모르겠고 하기 싫어지는 경우도 있다. 이때 부모 마음은 애가 탄다. 그동안 우리가 애쓴 시간이 모두 수포로 돌아갈까 봐 또는 아이의 미래가 불안해서 마음이 아프고 화가 나기도 한다.

사춘기에는 공부에 대해 부정적인 감정이 들지 않도록 하는 것이 중요하다. 공부로 인해 갈등이 생기고 불화가 생기면 공부가 하기 싫어진다. 공부로 아이를 너무 푸시하거나 성적으로 화를 내지 말고 부드럽고 이성적인 말투로 다가가야 한다. 적정선에서 공부량을 타협하고 기다리는 분위기를 만들어 주면 사춘기가 끝날 무렵 아이는 다시 공부로 돌아온다.

6단계: 공부는 운이다

대한민국 엄마들의 교육에 대한 열의는 우주최강이다. 특히, 학군지에서는 엄마, 아빠 모두 아이 공부를 열심히 서포트하는 가족이 정말 많다. 이렇게 엄마가 교육정보에 밝고 아빠도 협조적이고 교육투자도 많이 하면 잘돼야 하는데, 참 어렵다. 마지막 운을 깨닫지 못했기 때문이다.

공부는 시간과 노력을 투자하면 좋은 성과를 얻는 것이 맞다. 하지만 그렇다고 우리가 모든 결과를 만들어 낼 수 있다고 생각하면 오산이다. 열심히 했지만 시험, 대회, 입시에서는 운이 작용해야 한다. 그 운은 그것을 깨달은 사람에게 온다. 내가 제일 잘났다는 자만심, 나만 잘되면 된다는 이기심, 내가 내 아이를 모두 통제할 수 있다는 교만함을 버려야 한다. 열심히 노력했지만 하늘이 도와 세상의 기운이 나에게 닿아야 한다는 간절함과 겸손함이 공부의 미덕을 완성한다. 깨달은 자에게 그 자리가 주어진다.

많은 사람이 아이 공부시키기가 너무 어렵다고 하소연한다. 내 새끼는 시켜도 안 되고 어차피 '공부는 유전자다.', '될놈될이고 할놈할이다.'라는 결론을 내면서 가능성의 싹을 스스로 잘라 버린다. 그러나 이건 안 된다는 포기이자 자기 방어막일 뿐이다. 아이들은 제대로 공부시키면 모두 다 공부를 쉽게 느낄 수 있다. 공부를 못하거나 안 하는 것은 공부의 단계를 지키지 않고 남들이 하는 대로 시켜서 그렇다.

어릴 때 잘 따라오던 아이가 공부에 대한 감정이 상했는데 그것을 모르고 아이를 잡아끌고 결과를 부추기니 아이가 공부와 멀어진다. 어릴 때 공부를 재미있게 배워야 하는데 책상에 앉아서 공부시키니 아이가 달아난다. 공부를 제대로 했다면 겸손하고 올바르게 살아야 하는데 이기적이고 교만하게 공부하니까 공부의 마무리가 안 된다.

공부의 6단계를 제대로 인식하고 아이에게 적용한다면 아이는 공부가 쉬운 아이로 자란다. 아이에게 맞는 성취와 재미를 주고, 공부 습관을 만들어 주고, 끈기와 겸손함을 지닌다면 훌륭한 인재로 자랄 수밖에 없다. 무엇보다 중요한 건 이 과정에서 아이를 키우는 내가 함께 크기 때문에 나 또한 깨달은 사람이 된다. 아이를 공부시키다가 내 공부가 되고 약했던 여자가 위대한 엄마가 된다. 이쯤 되면 단단히 채워진 내가 그동안 하고 싶었던 무엇이든 이루어 낼 수 있는 힘을 가지고 있음을 느끼게 된다. 성공은 전이의 힘이 있기 때문이다.

공부육아 6단계를 제대로 실천해서 세상의 기쁨을 누려 보자!

누구나 할 수 있다!

공부가 쉬운 아이로 키워라

포기하지 않으면
성공한다

아이를 키우면 정말 스펙터클한 인생이 펼쳐진다. 엄마에게는 모성애가 있다고 하지만 사실 그건 잠시일 뿐, 20년 이상의 육아를 이끌어 가는 것은 엄마의 잔인한 노력이 있어야만 가능하다.

아이들이 어릴 때는 책 육아를 한다고 책을 엄청나게 샀다. 책 육아를 하면 아이가 책의 바다에 빠진다는데 우리 집에는 빠질 책의 바다가 없기 때문에 일단 책의 바다를 만들어 놓아야 한다는 논리였다. 거의 모든 책은 중고로 사들이기 시작했다. 그 당시 중고나라, 개똥이네에서 사고 싶은 한글 전집, 영어 전집을 매달 2~3질씩 샀다. 중고 책이었지만 돈이 꽤 들었다. 나는 휴직 중이었고 남편 혼자 벌었기 때문에 책값도 우리에겐 큰돈이었다.

첫째가 7살 때였다. 책이 너무 사고 싶은데 이 책을 읽으면 아이가 똑똑해질 것 같은데 수중에 돈이 없었다. 못 사니까 더 사고 싶어 안달이 났다. 그때 이사할 때마다 고이고이 싸 두었던 아이의 돌 반지가 보였다. 아이에게 금덩이를 물려주는 것보다 스스로 깨우칠 책을 주는 것이 나을 것이라는 합리화를 하면서 고민 끝에 결국 돌 반지를 팔고 책을 샀다. 금전적으로 생각하면 지금 금값이 얼마인데 바보 같은 짓이라고 생각할 수 있다. 하지만 그만큼 간절했다. 간절했기에 아이에게 밤낮으로 책을 보여 주고 읽어 주고 책과 함께 뒹굴면서 살 수 있었다. 첫째가 가끔 물어본다.

"엄마, 내 돌 반지 있어?"
"아니, 엄마가 그걸로 책 샀어."
"뭐? 왜 그랬어?"
"그러게~ㅎㅎㅎ"

아이에게 틱이 온 날도 잊을 수 없다. 초등학교 5학년 때 남들 다니는 과학학원을 보내야 할 것 같아서 우리 아이도 보낸 적이 있다. 그런데 아이가 설명식 수업을 별로 좋아하지 않았다. 하지만 이건 지금 정말 필요한 거라며 아이를 우겨서 보냈다. 아이는 엄마 말을 거역하지 못하고 꾸역꾸역 학원에 갔다. 그런데 억눌렸던 아이 마음이 몸으로 나타나기 시작했다. 눈을 깜빡이며 틱 증세를 보였다. 아이가 신체적으로 반응이 오면 부모는 멘붕이 온다. 순간 내가 잘못 키우고 있었나, 내 욕심 때문인가, 슬픔, 안타까움, 미안함 등 오만가지 생각이 들었다. 아이가 참고 그동안 학원에서 보낸 시간이 얼마나 고통스러웠을까 마음이 아팠다. 그날로 학원을 끊었다. 아무리 좋은 학원이라도 우리 아이가 싫어하면 아무 소용이 없다는 걸 그때 깨달았다.

지금은 사춘기가 시작되면서 아이와 전쟁을 벌이고 있다. 이 전쟁은 아직도 진행 중이다. 사춘기가 되면 아이의 독립심이 강해지기 때문에 부모와 떨어져 혼자 있고 싶어 하고 자기주장이 강해진다. 주장이 강해지면서 논리적이고 합리적이면 괜찮은데, 그 주장은 반항인 경우가 많다. 공부가 하기 싫어진다거나, 규칙을 지키기 싫어진다거나, 게임을 많이 하고 싶다거나, 건강한 음식이 싫다거나 뭐 그런 것들이다. 올바른 생활에 대한 반항의 심리가 생긴다. 착했던 아이가 갑자기 변하고, 버럭 화를 내고, 스트레스를 표출하니까 엄마는 당황할 수밖에 없다. 특히, 거짓말을 하거나 예의 없이 대드는 등 선을 넘었을 때 일어나는 대치 상황은 피할 수 없는 전쟁을 불러온다. 가끔 아니 자주 가슴이 답답하고 우울하고 뚜껑이 열리는 등의 감정을 느끼지만 아이를 최대한 이해하려고 노력하고 공부하고 있다.

사춘기 공부를 하면, 이 또한 인간 발달과정의 한순간임을 깨달을 수 있다. 그럼에도 불구하고 아이는 아직 사춘기의 파도 속에서 헤매고 있으므로 하루에도 몇 번씩 파도가 집안을 철썩철썩 때린다. 그러나 파도의 흐름을 알기에 파도가 치면 파도를 타기도 하고 맞아 주기도 한다. 힘든 시기이지만 과거의 추억 때문인지 아이는 아직도 순간순간 "엄마, 사랑해." 하고 애정 표현을 한다. 이 말 때문에 속상했다가도 금방 마음이 풀린다. 말을 안 듣는 그 어떤 순간에도 아이를 끝까지 책임진다는 마음을 갖고 있으면 아이가 엄마를 함부로 하지 못한다. 엄마가 자기를 가장 사랑하는 존재라는 걸 아이가 알기 때문이다.

아이를 키우면서 힘들 때마다 마음속으로 되새기는 말이 있다.

"포기하지 않으면 성공한다!"

아이를 키우는 기간은 20년, 긴 시간이다.

"우리 애는 안돼!"

"우리 집은 안돼!"

"유전자가 달라! 그 집은 서울대잖아!"

"그 집은 돈이 많잖아!"

정말 수많은 이유를 대면서 우리 아이의 한계를 긋는다. 일종의 방어막 치기다. 변할 수 없는 현실을 합리화해야 내 마음이라도 편하다. 그러나 나는 한계를 긋지 않기로 했다. 내가 먼저 손들지 않기로 했다. 아이를 믿고 나를 믿고 끝까지 포기하지 않는다면 잠시 쉬어 가더라도 어떻게든 길을 찾고 우리가 원하는 방향으로 나아갈 수 있을 거라고 믿고 있다. 20년이 걸리든, 30년이 걸리든 문제는 시간이지 결국 이뤄 낼 수 있다. 포기하지만 않는다면!

1단계

: 공부는 공기다

"모든 인간은 태어나면서부터 알기를 원한다."

-아리스토텔레스-

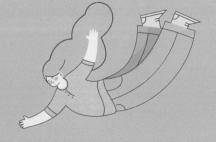

공부의 첫 시작,
사교육을 멀리하라

아이가 태어났을 때 느꼈던 기쁨은 잠시…. 조리원에서부터 교육 이야기가 오가는 것이 대한민국 K맘의 현실이다. 어느 어린이집이 좋은지, 어느 유치원은 몇 년 전부터 대기를 걸어 놓아야 하는지, 영유를 보내야 하는지, 놀이유치원을 보내야 하는지 등등 많은 정보에 오히려 걱정이 앞선다. 하지만 걱정할 필요 없다. 영유아기에는 사교육을 멀리해야 한다. 아이의 공부 시작은 집에서 시작되어야 하기 때문이다. 명확한 3가지의 이유가 있다.

1) 불안은 영혼을 잠식한다

아이가 5살인 엄마와 아이가 고1인 엄마가 있다. 두 엄마 중에 어느 쪽이 교육에 있어서 더 불안할까? 정답은 5살이다. 슬프지만 아이가 중고등학생이 되면 불안함보다는 답답함이 더 크다. 아이가 크면 아이의 성장 결과가 점점 가시적으로 보이기 때문에 어느 정도 현실 타협을 하게 되고 엄마가 할 수 있는 영역이 점점 줄어든다. 이에 반해 유아기에는 아이의 가능성이 무궁무진해 보이고 내가 어떻게 하느냐, 어떤 교육을 하느냐에 따라 아이의 미래에 큰 영향을 미칠 것만 같은 부담감이 있다. 하지만 그렇게 한다고 해서 아이가 생각하는 대로 잘 클 거라는 보장도 없다. 부담감과 불안감이 동시에 엄마를 짓누른다. '영어가 중요하다는데 남들 다 보내는 영유를 우리 아이도 보내야 하나? 수학을 잘하려면 프뢰벨, 은물, 가베 해야 한다는데 저걸 꼭 해야 하나? 그러기엔 가격이 너무 사악한데 내가 능력이 없어서 우리 아이만 뒤처지는 건 아닐까?' 자괴감까지 나를 억누르기 시작한다.

우리 마음속에 불안함이 먼저 자리 잡으면 합리적인 판단을 하기가 어렵다. 지금 보고 있는 인스타, 블로그 등의 SNS에서 예쁘게 차려입고 책을 보거나 영어책을 읽는 사람들을 차단하기 바란다. 그 사람이 무언가를 팔고 있다면 더더욱 끊어라! 모든 화려한 것은 한 때일 뿐이다. 화려한 영상과 사진 뒤에 감춰져 있는 진실을 보는 눈을 가져라. 그 사람의 의도를 잘 파악해라. 물건을 팔기 위한 쇼인지, 자랑질인지, 진심으로 도와주는 사람인지 잘 구분해야 한다.

공부가 쉬운 아이로 키워라

나는 일단 무언가를 파는 사람이 하는 말은 100% 다 믿지 않는다. 의도성이 있기 때문이다. 특히, 전문가가 의도를 갖고 이야기하면 우리 같은 일반인은 쉽게 넘어갈 수밖에 없다. 그래서 바로 결정을 내리지 말고, 한번 더 생각하고 두 번 더 곱씹어 봐야 한다. 과연 나는 이 돈을 투자할 가치가 있는가?

우리 아이들은 영어 유치원을 보내지도 않았고, 프뢰벨 은물, 오르다 가베 등 교구를 시킨 적도 없다. 하지만 수학을 좋아하는 아이가 있고, 영어를 좋아하는 아이가 있다. 어릴 때 엄마와 집에서 여러 가지 책과 교구로 영어와 수학을 접했기 때문이다. 그중에서도 자기가 좋아하는 쪽으로 아이는 더 잘 따라오고 좋아하는 분야의 재능이 더 발전한다. 어릴 때 교육은 자연스러워야 한다. 불안해서 시작한 거라면 다시 한번 생각하자! 이것은 정말 우리 아이에게 필요한 교육인가?

2) 유아기 뇌 발달의 오해

유아기의 뇌 발달에 대한 이론은 다시 한번 우리를 짓누른다. 스캐몬의 성장곡선에 의하면 뇌의 성장은 유아기 6세경까지 90%가 완성된다고 한다. 이것을 뇌의 결정적 시기라고 부른다.

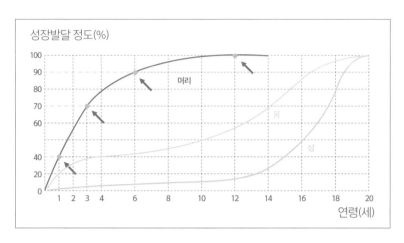

성장발달 정도(%)

머리
몸
성

연령(세)

〈스캐몬의 성장곡선〉

뇌의 결정적 시기를 이용해 사교육이 기승을 부린다. 지금 꼭 이것을 해야 한다고 강요한다. 하지만 이것보다 중요한 것이 있다. 바로 뇌의 발달 순서다.

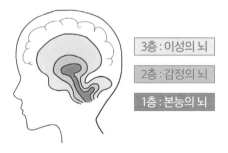

3층 : 이성의 뇌
2층 : 감정의 뇌
1층 : 본능의 뇌

공부가 쉬운 아이로 키워라

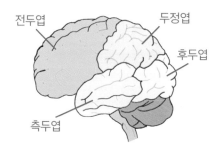

전두엽　　　　　　　　두정엽

　　　　　　　　　　　　후두엽

측두엽

　가톨릭대 성모병원 김영훈 교수는 유아기 뇌 구조가 "본능의 뇌, 감정의 뇌, 이성의 뇌"순서로 3층으로 이루어져 있다고 한다. 어린 시절 뇌는 가장 아래쪽에 있는 본능의 뇌부터 발달해 감정의 뇌, 이성의 뇌 순서로 발달한다. 또한 어린 시절 뇌는 뒤에서 앞으로, 후두엽에서 측두엽, 전두엽으로 발달하기 때문에 시각 · 정서 교육에서 언어 · 문자 교육 순서로 교육을 해야 한다. 뇌의 발달 순서를 알면 어떻게 교육해야 하는지가 보인다. 본능의 뇌가 먼저 잘 발달해야 감정의 뇌가 발달하고 그 이후에 이성이 안정되게 발달할 수 있다.

　아이가 본능의 뇌가 발달하지 않았고 애착이 형성되지도 않았는데 결정적 시기 운운하며 사교육으로 자극을 주면 아이가 어떻게 될까? 뇌의 발달 체계가 망가진다. 모든 것에는 단계가 있다. 이성보다 감정, 감정보다 본능이 우선이고, 문자 보다 정서가 먼저고, 좌뇌보다 우뇌가 먼저 발달한다. 그러므로 안정된 환경에서 배고픔, 잠, 사랑을 먼저 충족시켜 주는 것이 가장 먼저다. 어떠한 사교육도 이것 앞에 올 수 없다.

3) 영유아기 최고의 선생님은 엄마

영유아기 발달을 자극하는 것은 과연 누구여야 할까? 엄마다.

사교육으로 아이의 발달을 자극하는 것은 분명 한계가 있다. 시간적 한계, 애착의 한계다. 유아기에 가장 중요한 것은 엄마와의 애착 관계이다. 나약한 상태로 태어난 아이들은 본능적으로 엄마에게 의지하고 엄마를 쫓고 엄마를 사랑한다. 본능적으로 이어져 있는 엄마에게서 안정된 사랑을 받고 보호받아야 아이의 마음은 세상을 배울 준비를 한다. 아이는 엄마에게 사랑스러운 보살핌을 받으면서 감정을 배우게 되고 처음 소통을 시작한다. 엄마는 아기에게 세상의 전부다.

공부의 시작은 이때 자연스럽게 이루어져야 한다. 마치 공기처럼 삶 속에 존재해야 한다. 나를 사랑하는 엄마가 세상에 대해서 알려 주고, 책을 보여 주면서, 놀면서 소통하는 것이 바로 공부이자 교육이다.

이 시기의 아이들은 자기가 사랑받고 싶어 하는 엄마에게 배우는 것을 좋아하고, 무엇을 했을 때 엄마가 좋아하면 그것을 더욱 잘하려고 한다. 단, 강압적이면 안 된다. 자연스러워야 한다. 진심이어야 한다. 엄마가 진심으로 책을 읽어 주고 애정을 담아 가르쳐 주면 아이는 배움에 대해 긍정적인 경험을 하게 된다.

아이가 크면 클수록 엄마와 선생님은 구별된다. 하지만 아이가 어릴때 교육은 아이의 삶 그 자체여야 한다. 아이의 뇌 발달이 중요한 시기일 때, 정해진 시간만이 아니라 아이의 삶 전체에서 공기처럼 존재하는 것이 바로 진짜 유효한 교육이다. 아이에게 세상에는 나무가 있고, 공기가 있고, 산과 바다가 있고, 글자가 있고 이런 것들을 자연스럽게 알아가는 것만큼 훌륭한 교육은 없다. 가르치면서 사랑을 고백할 수 있는 엄마는 가장 훌륭한 교육자이다.

영유아기 공부 필수 3요소
: 편안함, 3각, 책

영유아기에 중요한 것은 딱 3가지이다. 편안함, 3각, 책이다. 이것들은 공부를 쉽게 잘하기 위해 꼭 필요한 요소들이다. 이 3가지가 채워지지 않는다면 어설프게 다른 것들을 시도해선 안 된다.

1) 편안함

요즘 유치원, 학교에서는 금쪽이가 문제다. 금쪽이 때문에 다른 아이들이 피해를 보고 선생님들이 애를 먹는다. 왜 이렇게 금쪽이들이 늘어날까? 학교 현장에서 살펴보면 금쪽이들은 마음이 안정되어 있지 못한 경우가 많다. 그리고 그것은 대부분 가정 문제에서 시작된다. 아이들이 편안한 환경에서 사랑받으면서 자라지 못하기 때문에 집에 마음을 두지 못하고 방황한다. 괜히 이상하게 행동하고 반항적으로 행동하는데 자기

공부가 쉬운 아이로 키워라

도 자기가 왜 그러는지는 모른다. 사실은 마음 둘 곳이 없기 때문에 이상 반응이 오는 것이다.

아이가 관심을 못 받고 방치된 환경에 있거나 부모가 자주 다투거나 심한 차별을 받는 등의 환경에서 자란다면 마음이 불안해져서 자신의 안위를 찾는 데 주력한다. 인간은 일단 안전을 보장받으려고 하는 생존 본능이 있기 때문이다. 또한 세상에 대한 불신이 생긴다. 세상은 안전한 곳이 아니라고 느끼고 자신의 안전을 위해 공격적으로 변하고 세상과 싸운다. 마음이 삐뚤어질 수밖에 없다.

부부가 합심해서 안전하게 아이를 키우는 것, 엄마, 아빠가 행복한 마음으로 아이를 키우는 것 그것이 가장 우선이다. 내 가정을 안정되게 만들기 위해 최선을 다해야 한다.

그러나 일방적인 희생으로는 불가능하다. 아이를 키우는 것은 모성애, 부성애만으로는 안된다. 아이가 성인이 되는 데는 20년, 또는 그 이상의 장기간에 걸친 끊임없는 노력이 있어야 한다. 그러므로 부부가 협력해야 하고 가능하면 주변의 도움도 받는 게 좋다. 그래야 엄마가 숨 쉴 틈이 있고 엄마도 행복해질 수 있기 때문이다. 아무리 노력해도 불행한 엄마 아래에 행복한 아이들이 자랄 수는 없다. 아이들은 엄마의 마음을 몸으로 느낀다.

아이에게 주는 마음의 안정은 시간의 양보다 질이 중요하다. 우리 가족은 주말부부여서 첫째가 아빠랑 같이 살기 시작한 것은 아이가 4살 때부터였다. 아이가 어렸을 때 남편은 아이를 너무 보고 싶어 했다. 나는 아이를 데리고 주말마다 기차를 타고 남편에게 갔다. 하지만 평일이 문제였다. 그래서 평일에는 영상통화로 아빠를 만나곤 했다. 어느 날 밤, 아이를 재워야 하는데 아이가 잠을 빨리 자지 않았다. 그때 마침 남편의 전화가 걸려 왔다. 남편에게 아이가 자야 하는데 안 잔다고 하니까 아빠가 아이에게 전화로 자장가를 불러 주었다. 아이가 신기하게도 아빠 전화를 받으며 잠이 들었다. 아빠의 진심이 아이의 마음에 전해지고 마음을 안정되게 해 주는 것 같았다. 인간관계는 결국 마음으로 통한다. 마음을 다하면 시간의 양이 중요하지 않다.

아이를 키우는 것은 휴식 없는 24시간 풀잡(Full-job)이다. 보수도 대우도 없는 희생 봉사직이다. 엄마가 스스로 자신을 보상하고 권리를 찾아서 나의 행복 지점을 찾아야 한다. 그리고 나서 아이에게 마음을 다하면 아이도 그런 엄마를 이해하고 기다린다.

가족 모두가 편안한 가정 만들기가 가장 우선이다.

공부가 쉬운 아이로 키워라

2) 3각 (시각, 청각, 촉각)

아이들이 어렸을 때는 별다른 사교육을 하기보다는 삶 자체가 교육이었다. 모든 것이 아이들이 새로 보는 것들이었기 때문에 그것을 알려 주고 체험해 주는 것이 배움이었다. 아이를 안고 산책하고, 아기 띠에 안겨 있는 아이에게 "이것은 나뭇잎이야. 이것은 꽃이야. 이것은 돌이야." 하고 말해 주고 만지게 해 주었다. 선선한 날 저녁에 아이를 안고 재우러 나가면 아이에게 잔잔한 노래를 불러 주면서 재우고 곤히 잠든 아이에게 사랑한다고 말해 주었다. 아이가 자느라 알아듣지 못해도 아이가 느끼는 감정이 중요하다고 생각했다. 아이에게 세상은 사랑스럽고 따뜻하고 재미있는 곳이라는 것을 가르쳐 주고자 했다. 아이는 그렇게 느낌으로 세상을 인식했다.

이 시기의 공부는 오감을 중심으로 생각하면 된다. 그중에서도 특히, 3각이 중요하다. 시각, 청각, 촉각을 이용해 여러 가지 자극을 주는 것이 곧 세상에 관한 공부다. 단, 자연에서 오는 것이어야 좋다. 인류 역사의 관점에서 보았을 때 원래 그렇게 존재하던 것부터 알아가야 한다. 새로 생긴 자극들은 인위적이라 대게 더 자극적이고 강렬하기 때문에 그러한 자극을 먼저 받으면 자연의 자극이 시시해질 수 있다. 또한 어릴 때부터 영상물을 많이 접해서 센 자극에만 반응한다면 정서가 안정되기 어렵다.

 그래서 아이들이 어렸을 때는 밖에 나가서 자연물과 많이 놀았다. 꽃, 나무, 돌을 갖고 놀면서 시간을 보냈다. 마트에 데리고 가면 매일 물고기를 구경하고 옥수수가 나오면 옥수수껍질을 직접 까보았다. 꽃게를 산 날은 꽃게 관찰, 오징어 산 날은 오징어 관찰을 했다. 오늘 산 저렴한 채소로 만들기까지 하면 아이는 계 탄 날이었다. 아이들은 매일 주방에서 뭘 그리 하고 싶은지 싱크대 앞에서 떠날 줄 몰랐다. 나는 아이가 떨어지지 않게 잘 지켜봐 주면 되었다. 바다에 가면 모래놀이, 눈이 오는 날은 밖에 나가서 눈사람 만들기를 하면서 자연의 흐름에 따라 우리의 놀이도 자연스럽게 흘러갔다.

공부가 쉬운 아이로 키워라

　거창하지 않아도 생활 속에서 삶에서 배울 수 있다. 엄마는 세상에 대한 안내자의 역할이면 충분하다. 억지로 비싼 교재나 교구를 사지 말고 생활 속에서 접할 수 있는 것들로 채워 보자.

3) 책

요즘 아이들에게 책의 의미는 남다르다. 책을 읽기 힘든 세상에 태어났기 때문이다. 그래서 책을 잘 읽는 것만으로도 인정받는 시대다. 특히, 나는 아이들에게 딱히 큰 재산을 물려주지 못할 것 같았기 때문에 아이 스스로의 능력이 중요하다고 생각했다. 그런 생각이 공부가 쉬운 아이로 키우기 위한 목표를 만들었고 그 목표에 따라 공부를 잘하려면 당장 의지할 수 있는 것은 책밖에 없었다. 밥을 먹고 몸을 키우듯 책을 읽고 머리를 키워야 한다고 생각했다. 책은 우리에게 생존 수단이었다. 책만 잘 읽어도 아이가 막강한 힘을 지닌다고 생각했고 그 생각은 적중했다.

책 육아하는 엄마들의 책과 블로그를 탐독하고 따라 했다. 그랬더니 나도 책 육아하는 엄마처럼 변하고 있었다. 20대에는 시간이 나면 가끔 책을 읽었지만, 아이를 키우면서는 힘든 육아를 하면서도 틈틈이 책을 읽었다. 책을 통해 생각이 바뀌니 화장기 없는 얼굴, 검은 고무줄로 질끈 묶은 머리를 하고도 자기연민에 빠지지 않고 아이들과 이 순간을 행복하게 즐길 수 있었다. 엄마가 즐거워하니까 아이들도 즐거워했다. 내가 변하니까 아이들도 변했다. 그렇게 사랑하는 엄마가 전하는 메시지

공부가 쉬운 아이로 키워라

에 아이들이 반응하기 시작했다. 눈을 뜨면 책을 집어 들었고 어린이집에 갔다 와서도 책을 찾았다. 눈을 뜨면 그곳에 책이 있었고 밥을 먹을 때도 화장실에 갈 때도 잠자기 전에도 항상 책을 보여 주었다. 책으로 놀고 책으로 이야기를 나누었다.

첫째가 3살 때 친정에 갔을 때 일이다. 친정에 가면 항상 TV가 켜져 있었다. 친정아버지는 항상 24시간 TV를 켜두시는 분이셨기 때문이다. 소리도 굉장히 컸다. 큰 소리로 TV를 보는 것이 아버지의 흔한 일상이었다. 아이가 호기심이 왕성한 시기였고 외할아버지를 좋아해서 방에 들어가면 이것저것 방을 탐색하고 만져 보았다. 그런데 아이는 자기가 궁금한 것만 탐색할 뿐 앉아서 TV를 보지 않았다. 어른들은 자연히 TV를 보기 마련인데 아이는 영상을 접한 적이 별로 없었기 때문에 TV에 전혀 관심이 없었다. 방을 돌아다니면서 할아버지 볼펜을 꺼내고 그림을 그리고 바둑알을 만지고 그러면서 놀았다.

TV, 스마트폰에 먼저 맛을 들이면 책은 재미가 없다. 영상물에 대한 엄격한 통제가 필요한 시기다. 반드시 책을 통해 청각을 통한 자극을 주

공부가 쉬운 아이로 키워라

고 그다음에 시각적인 자극을 줘야 한다. 그렇지 않으면 아이가 책을 스스로 찾기가 어렵다.

첫째는 38개월에 한글을 알기 시작하면서부터 자기가 좋아하는 책을 찾아서 읽기 시작했다. 국기, 자동차, 비행기, 기차 책을 좋아해서 그것들을 반복해서 읽었다. 시키지 않아도 좋아하는 책을 소리 내어 읽었고 그 시간이 쌓이다 보니 한글을 떼는 데도 도움이 되었다. 한글 학습지 선생님이 온 적이 없지만 자연스럽게 한글을 뗐다.

둘째는 한글책도 좋아했지만 영어책에 더 크게 반응했다. 어릴 때부터 영어 노래가 매일 들리니 영어를 편하게 받아들였고 영어노래책을 특히 좋아했다. 한번 꽂히면 앉아서 영어책 한 질을 다 볼 정도로 책에 묻혀 살았다. 한글보다 영어로 먼저 말하고 한국어도 영어처럼 발음하기도 했다. '수박'을 '수박크'라고 말하며 한글 받침도 영어식으로 발음했다. 그만큼 영어책을 사랑했다. 내가 노력하고 애쓰는 만큼 아이들은 책 속에 점점 빠져들었다.

책을 잘 읽는 아이는 학교생활도 쉬워진다. 학교 교육이 한글로 이루어지고 책이라는 매개체로 하는 것이기 때문이다. 책으로 키운 이해력과 집중력은 학교생활을 즐겁게 하고 학습에 대한 부담을 확 줄여 주기 때문에 자연스럽게 친구들을 사귀고 즐겁게 지내는 것에 치중할 수 있다.

영유를 이기는
엄마표 영어의 힘

"국어는 양, 수학은 시간, 영어는 돈이다."라는 말이 있다. 그만큼 영어를 잘하려면 돈이 많이 든다는 이야기다. 특히, 영어는 어릴 때 잡아놓아야 한다는 인식이 퍼져서 영유에 대한 갈망은 점점 높아지고 있다. 2019년에 비해 어린이집은 22% 줄어들 때 영어 유치원은 37% 증가했다고 하니(동아일보 2024. 8. 13. 기사) 아이들이 줄어드는데도 불구하고 유아 영어 교육의 수요가 얼마나 큰지 알 수 있다.

문제는 일 년에 2,000만 원가량의 영어 유치원비를 감당할 수 없는 사람들의 박탈감이다. 부모가 능력이 없어서 우리 아이가 어릴 때부터 경쟁에서 밀린다 생각하고 출발선이 다르다며 좌절한다.

"그래, 영어는 초등학교 가서 하면 되지. 한글이 더 중요하지. 한국어를 잘해야 영어도 잘한대." 하면서 위로하고 일단은 영어를 미뤄둔다. 나는 영어 유치원에 보낼 수 없기 때문이다.

그러나 아무 일을 하지 않으면 아무 일도 일어나지 않는다. 아이들에게 자극이 없으면 언어 민감기에 영어를 쉽게 배울 수 있는 기회를 놓치는 것이다. 돈이 있는 사람들은 이걸 알기에 비싼 돈을 내고 영어 유치원을 보낸다. 실제로 학군지에서 근무해 보면 아이들의 영어 실력 평균이 월등히 높다. 대부분 아이들이 학교 영어를 목표로 공부하는 게 아니라 영어를 능숙한 이중언어처럼 공부한다. 부족한 것은 돈이 아니라 엄마의 의지다. 간절히 원하면 길이 보인다.

영유를 못 보내는 내가 선택한 방법은 엄마표 영어였다. 영어도 어릴 때부터 공기처럼 접하면 영유 못지않게 영어가 자연스러운 아이로 키울 수 있다고 믿었다. 그 믿음으로 엄마표 영어로 두 아이를 가르쳤다. 그러다 영어를 좋아했던 둘째는 영어 원어민과 대화를 하고 싶다고 졸라서 초등학교 1학년 때 화상영어를 했다. 그러더니 그것도 부족했는지 2학년 때는 학원을 가고 싶다고 했다. 엄마표 영어의 힘으로 레벨테스트를 무난하게 통과하고 영어학원을 즐겁게 잘 다녔다. 그곳에서도 아이는 전국 영어 스피치대회에 대표로 나가서 상을 받고 영어를 즐기면서 지냈다. 아이가 즐겁게 영어를 하다 보니 영유 출신 친구들과 다를 게 없었다. 레벨이 올라가니 그 아이들과 함께 공부하면서 영어 토론을 하고 영어 쓰기를 했다. 오히려 적극적으로 영어를 배우는 건 항상 우리 아이였다. 엄마표 영어에 대한 강한 확신이 생겼다. 엄마표 영어를 하길 정말 잘했다.

영어를 공기처럼 배우려면 영어가 어릴 때부터 그냥 내 생활에서 들려야 한다. 우리말과 똑같다. 영어도 귀가 먼저 트여야 한다. 아이들이 모국어가 정립된 후에 영어를 접하게 되면 영어를 하나의 학습으로 받아들이기 때문에 거부할 확률이 높다. 영유 갔다가 적응하지 못하고 나오는 이유 중 하나이다. 어릴 때부터 영어를 듣고 자란다면 큰돈 들이지 않고 영유 다니는 아이보다 훨씬 영어를 잘하는 아이로 키울 수 있다. 엄마가 영어를 잘하지 않아도 된다. 아이에게 영어가 들리는 3가지 환경만 만들어 주면 된다.

1) 영어 노래

영어를 가장 쉽게 들려줄 수 있는 건 노래다. 집에서 아이가 놀 때, 차에 탈 때, 그냥 바로 튼다. 아이들이 어른의 말을 흘려들으면서 말을 익히는 것처럼 영어도 마찬가지다. 흘려듣는 소리가 존재하면 아이가 그 말을 점점 익숙하게 받아들인다. 다른 것도 좋지만 가장 먼저 쉽게 시작할 수 있는 것이 노래다. 우리는 흥의 민족이라 틀면 흥얼거리게 되고 따라 부르게 되기 때문이다. 아이에게 가장 먼저 보여 주었던 영어책은 에릭 칼의 『Brown Bear, Brown Bear, What Do You See?』였다. 아이가 7개월 정도 되었을 때 카시트에 앉아있으면 지루하니까 노부영 CD를 틀고 옆에서 브라운 베어 책을 보여 주면서 따라 불렀다. 지루한 차 속에서 아이는 영어책에 눈길을 주고 영어 노래를 자연스럽게 들었다. 그러더니 어느 날, 말도 잘못하는 아이가 금붕어를 보고 'Goldfish'라고 하고 오리를 'Duck'이라고 하면서 영어로 이야기를 하는 것이 아닌가? 그때부터 노부영시리즈를 검색해서 한 권씩, 한 권씩 사고 아이에게 영어책을 보며 노래를 불러 주었다. 노부영의 좋은 점은 책을 보며 그 노래가 익혀지면 노래만 틀어도 아이가 책을 찾는 것이었다. 자연스럽게 아이가 책을 보여 달라고 했다. 이때 아이를 내 무릎에 앉혀서 같이 영어책을 보면 그 시간이 정말 행복했다. 아이도 그 행위를 좋아할 수밖에 없었다. 그렇게 영어는 우리에게 공기처럼 자연스럽게 스며들었다. 엄마가 노부영 노래를 줄줄 꿰던 시절이었다.

아이가 화려한 영상이나 신나는 것을 주로 보았다면 영어 노래나 그림책이 시시하게 느껴질 수 있다. 하지만 아무렇지 않은 듯 배경음악으

공부가 쉬운 아이로 키워라

로 깔아 놓아 보자. 어느 날 흥얼거리는 나 자신과 아이를 발견하게 될 것이다. 뭐든 참고 꾸준히 해야 뭔가 보이기 시작한다. 귀가 뚫리면 입이 트이고 눈이 열린다. 무조건 틀어라!

<영어가 공기가 되었던 노부영 그림책 추천>

Brown Bear, Brown Bear, What Do You See?	Panda Bear, Panda Bear, What Do You See?	Polar Bear, Polar Bear, What Do You Hear?	The Wheels on the Bus
Hooray for Fish	Go Away Mr Wolf	Go Away Big Green Monster	Freight Train
Five Little Monkeys Jumping on the Bed	Five Little Monkeys Jump in the Bath	Five Little Monkeys Sitting in a Tree	See You Later, Alligator!
Does a Kangaroo Have a Mother, Too?	Whose Baby Am I?	Chicka Chicka Boom Boom	Twenty-Four Robbers
Who Stole the Cookies from the Cookie Jar?	Today Is Monday	My Crayons Talk	Papa, Please Get the Moon for Me
Dry Bones	Dear Zoo	There was an old lady who swallowed a fry	The Very Hungry Caterpillar

공부가 쉬운 아이로 키워라

2) 영어 그림책

노부영으로 영어를 재미있게 받아들이기 시작했다면 영어 그림책으로 넘어간다. 영어 그림책이라고 해서 크게 다를 건 없다. 초기 영어 전집들은 노래로 되어 있는 것들이 많기 때문이다. 펜으로 영어책을 찍으면 노래가 나왔기 때문에 엄마가 읽어 줄 필요 없이 같이 따라 부르면 되었다. 그리고 아이가 펜으로 찍는 것이 익숙해지면서부터는 어느 순간 아이 혼자 한자리에서 한 질을 다 보았다.

둘째는 『프뢰벨 퍼포먼스 잉글리쉬』 책을 좋아했다. 아이가 보여 달래서 책을 보여 주면 한국어도 잘 못 하는 아이가 그림을 짚으면서 Big, Small을 말했다. 온몸에 전율이 느껴졌다! 더 열심히 책을 보여 주었다. 마르고 닳도록 보던 『씽투게더』, 낮잠 자기 전에 꼭 다 보고 잤던 『마이 퍼스트북』, 영어 위기를 넘기게 해 주었던 『푸름이 터잡기』, 마더구스 중에 아이들이 제일 사랑했던 『푸름이 마더구스』는 잊을 수 없는 추억의 책들이다.

　노래책을 많이 보다 보면 아이는 잘 보지만 엄마는 이제 책을 좀 더 업

그레이드해 주어야 할 것 같은 생각이 든다. 그때 아이가 좋아하는 캐릭

터를 활용하면 영어책을 계속 보여 줄 수 있다. 아이가 좋아하는 캐릭터

는 저마다 다르다. 세대에 따라 다르기도 하고 아이의 성별이나 성향에

따라 다르기도 하다. 우리 아이들이 어렸을 때는 〈코코몽〉, 〈꼬마버스

타요〉, 〈폴리〉, 〈구름빵〉 이런 것들을 좋아해서 구할 수 있다면 영어책

버전을 구해서 보여 주고 읽어 주었다. 아이가 좋아하는 캐릭터니까 낮

에도 보고 밤에도 보며 너무 좋아했다. 요즘에는 〈티니핑〉이 인기라서

　　　　　　　　　　　　　공부가 쉬운 아이로 키워라

부모 등골이 휜다고 하는데 이런 것도 이왕이면 영어로 보여 주고 영어 책을 구해 준다면 아이가 영어에 더욱 쉽게 접근할 수 있다.

그 외에도 믿고 보는 영어 전집들, 『몬테소리 스토리 붐붐』, 『톡톡 플레이타임 인 잉글리쉬』, 『그림책으로 영어 시작』은 아이들을 영어에 점점 빠져들게 했다.

3) 영어 애니메이션

영어 애니메이션은 엄마표 영어를 즐겁게 배울 수 있는 가장 큰 원동력이었다. 미디어 노출을 시작할 때 무조건 영어로 보여 주면 아이가 그런 줄 알고 영어를 쉽게 받아들이고 계속 보여 달라고 한다. 보여 줄 거면 영어로 보여 줘라. 엄마도 편하고 아이도 좋다. 이때 유튜브나 넷플릭스와 같은 스트리밍 서비스를 이용하면 아이가 다른 것들을 보려고 하므로 어릴수록 영어만 노출되는 통제된 환경이 필요하다. 조금 귀찮더라도 영상을 다운로드해서 그것만 보여 주던지 DVD를 구매해서 보여 주는 것이 좋다. 요즘 아이들은 태어날 때부터 본투비 스마트폰에 바로 적응하기 때문에 그것을 쥐여 주는 순간 아이와의 실랑이는 피할 수 없는 현실이 된다.

영어 애니메이션은 쉬운 것부터 시작해서 점점 아이의 흥미를 따라가야 한다. 남들 대박이라던 엄마표 영어의 시작인 〈까이유〉는 아무리 봐도 우리 아이들은 좋아하지 않았다. 야심 차게 샀지만 실패하고 다시 재미있어 보이는 것을 사서 보여 주면서 좋아하는 것을 찾아 헤매는 시간의 연속이었다. 계속하다 보면 아이에게 꽂히는 게 있었고 그러면 어느 날 그걸 반복해서 보았다. 영어 귀가 점점 더 트였다! 그리고 급기야 영어로 말을 하기 시작했다. 놀이터에서 놀고 있으면.

"Mommy, look at me!"

하면서 아이가 나를 불렀다. 그러면 엄마들이 물었다.

"외국에서 살다 왔어요?"
"영어 유치원 다녔어요?"

나는 씨익 웃으며 말했다.
"아니요. 그냥 집에서 해요."

공부가 쉬운 아이로 키워라

영어 애니메이션을 보면서 아이가 좋아하는 캐릭터는 영어책으로도 사서 연결해 주었다. 그랬더니 그림책뿐만 아니라 리더스북으로까지도 자연스럽게 흘러갈 수 있었다. 요즘은 우리나라 애니메이션이 영어 버전으로 정말 많이 나온다. 아이가 좋아하는 만화를 영어 버전으로 검색해 보자. 이 좋은 걸 안 할 이유가 없다.

<영어가 공기가 되었던 영어 애니메이션>

1단계	Super Simple Songs	Mother Goose Club	Wee sing Together	Number Blocks
	Masha and The Bear	Max & Ruby	Hello Cocomong	Tayo the little bus
2단계	Timothy Goes To School	Dora The Explorer	Little Einstein	Super Why
	Cloud Bread	Tomas and Friends	Chuggington	Little Bear
3단계	Octonauts	Sofia the First	Jake and the Never Land Pirates	Doc Mcstuffins
	Lego Friends	Paw Patrol	Dinosaur train	Sid the Science kid
4단계	Arthur	Strawberry shortcake berry best friends	Pj Masks	Special Agent Oso
	Wild Kratts	Curious George	Horrid Henry	Eloise

공부가 쉬운 아이로 키워라

공부가
공기가 되는 방법

아이가 유치원에 들어가기 전, 4세까지의 공부는 공기가 되어야 한다. 그만큼 자연스러워야 한다는 의미다. 엄마는 '어떻게 하면 최대한 자연스럽게 교육할까?'를 항상 고민해야 한다. 자연스러워야 하기 때문에 선생님이 아닌 엄마에게서 배워야 하고, 자연스러워야 하기 때문에 육아책, SNS에 나오는 똑똑한 아이들과 다르게 내 아이에게 맞는 스타일로 배워야 한다. 결국 이 시기의 공부는 환경조성이다.

아이가 어릴 때는 따뜻하고 친절한 엄마가 세상을 알려 주고 배움을 주어야 한다고 했다. 거기에서 더 나아가 어떻게 하면 공부가 공기가 되는지 주요 과목별로 알아보자.

1) 국어

어릴 때 국어라고 하면 모국어를 말한다. 모국어에서 가장 먼저 발달하는 것은 듣기다. 엄마에게서 듣는 따뜻한 말, 분명한 목소리 같은 소리 자극이 정말 중요하다. 아이에게 미소 띤 얼굴로 세상을 알려 주는 말은 아이의 청각, 시각, 감정을 모두 자극한다.

20년 전, 5학년 담임을 할 때였다. 준성이는 수업 시간에 발표하기를 어려워했다. 보통 아이들에게 보상을 주고 칭찬을 하는 등 여러 가지 방법을 동원하면 아이들은 결국 발표를 했다. 그러나 나는 1년 동안 준성이가 발표하는 것을 결국 시키지 못하고 실패했다. 사실 준성이는 발표뿐만이 아니라 선생님, 친구들과의 소통도 어려운 친구였다. 말을 조리 있게 제대로 하지 못했다. 의사소통이 잘 안 되니까 친구 사귀기도 어려웠다. 선생님이나 친구들이 다가가도 제대로 어울리지 못했다. 안타까운 마음으로 어머니와 상담을 했다. 어머니께서는 대면 상담을 하기 꺼리셨지만 억지로 오시라고 해서 대화를 나누었다. 어머니와 대화하면서 아이를 이해하게 되었다. 어머니께서는 준성이를 낳고 우울증이 오셔서 아이에게 아무런 말도 하지 않았다고 하셨다. 아이가 어렸을 때 언어

공부가 쉬운 아이로 키워라

자극을 제대로 받지 못한 것이었다. 우리가 알다시피 언어발달은 황금기가 있다. 그 황금기에 언어 자극을 못 받았으니 아이는 모국어 발달이 제대로 되지 않았고 의사소통도 제대로 못 하는 아이로 자란 것이었다. 지금은 언어치료가 보편화되어 있지만 20년 전이니 그런 정보조차 없던 시대였다.

태어나서 아이가 사회기관을 갈 때까지의 언어발달은 주 양육자로부터 시작된다. 보통 엄마인 경우가 많다. 엄마야말로 아이에게 다정하게 말을 걸어 줄 수 있는 사랑스러운 존재이기 때문이다. 어떤 누구도 10달 동안 뱃속에 품었던 엄마의 마음으로 아이를 대할 수 없다. 엄마만이 가능하다. 엄마의 따뜻한 말과 사랑은 아이의 정서와 언어발달에 모두 지대한 영향을 미친다.

아이에게 해 주는 따뜻한 말과 함께 만들어 주어야 하는 것은 책 읽는 환경이다. 아이에게 책을 읽는 환경이 자연스럽게 펼쳐져 있으면 아이는 책을 가까이하기가 쉬워질 것으로 생각했다. 그래서 우리 집 환경을 도서관처럼 만들려고 노력했다. 도서관처럼 되기 위해서는 일단 책이 많아야 하고 책 읽는 사람들이 있어야 했다. 재미있는 책들을 꾸준히 사서 채워 넣고 엄마가 먼저 책을 읽어 주는 모습을 보였다. 아이들 책인데 엄마가 "어머어머~ 우와~" 하면서 재미있게 보니까 아이들이 관심을 갖고 책을 읽어 달라고 졸랐다. 그러면 무릎에 앉혀서 책을 읽어 주었다. 아이에게 "오늘 이 책을 보자! 이것을 읽어 봐."라는 말은 되도록 하지 않았다. 책은 그냥 공기처럼 우리 곁에 존재하는 것이면 되었다.

2) 영어

영어가 공기가 되는 방법은 국어와 같다. 같은 언어이기 때문이다. 언어는 먼저 귀를 트여야 하고 말을 해야 하고 글을 읽어야 하고 쓸 수 있어야 한다. 듣, 말, 읽, 쓰 순서로 간다. 영어는 엄마가 들려주기가 힘든 경우가 더 많다. 영어를 잘하는 사람은 소수이고 그나마도 잘 쓰지 않았다면 생활 영어에 익숙하지 않다. 영어가 모국어가 아니기 때문에 육아만으로도 힘든 상황에서 영어로 말하기가 쉽지 않다. 하지만 괜찮다. 영어는 틀어 주기만 하면 된다. 영어 노래, 영어 영상들을 보여 주면서 아이가 영어를 편하게만 느끼면 된다. 영어 노래를 따라 하면서 아이가 영어를 친숙하게 느끼다 보면 어느 날 아이가 영어로 말을 한다! 그 순간 온몸에 전율!!! 느껴 본 사람만 안다!

공부가 쉬운 아이로 키워라

영어 환경은 국어 환경과 같다. 재미있는 영어책을 골라서 사 주고 읽어 주었다. 아이가 좋아하는 영상은 무조건 영어로 보여 주었다. 〈뽀로로〉, 〈코코몽〉, 〈꼬마버스 타요〉, 〈구름빵〉 등 아이들이 좋아하는 애니메이션도 항상 영어로 함께 봤다. 아이들이 영어를 자연스럽게, 재미있게 배우는 환경이었다. 영어책 읽기를 강요하거나 영어 쓰기를 시키거나 이런 것들은 절대 시키지 않았다. 아직 그 시기가 아니었기 때문에 기다렸다. 제발 유치원 가기 전에 아이들한테 지루한 공부를 시키지 말았으면 좋겠다. 그것이야말로 공부랑 멀어지는 첫걸음이다.

3) 수학

0~4세까지의 수학에서 중요한 것은 딱 3가지다. 수, 양감, 도형. 수는 0에서 10까지의 수 세기, 양감은 '많다 적다, 크다 작다, 길다 짧다'의 느낌, 도형은 '둥글다, 뾰족하다', 동그라미, 세모, 네모 이런 정도면 충분하다. 수학을 기호로만 생각하는 사람이 많은데 전혀 그렇지 않다. 수학도 느낌이다. 이걸 수학 감각이라고 하는데 수학 감각이 있는 아이가 수학을 잘한다.

이 시기의 교육은 감각 중심으로 이루어져야 한다. 그것이 교육의 출발이다. 그러나 절대 책상에 앉아 공부하면서는 안된다. 생활 속에서 자연스럽게 느끼도록 해야 한다. 수 세기를 예로 들어 보자. 아이가 과자를 먹을 때 1개를 주면서 "하나."라고 알려 준다. 1개씩 더하면서 "둘, 셋, 넷, 다섯… 열."까지 알려 준다. 그리고 "열!" 하면서 "와~많다." 해 주면 아이가 '많다'를 느낀다. 이런 식으로 문득문득 알려 주면 된다. 어릴 때의 공부는 반복이다. 아이가 이해했느냐 안 했느냐를 따지지 말고 아이에게 생활과 기호가 연결되어 있다는 걸 알려 주는 거다.

『돌잡이 수학』이라는 책을 보면 기본적인 수학 개념이 아주 간단하게 나온다. 그 책을 반복적으로 계속 읽어 주는 것도 매우 도움이 된다. 중요한 건 책과 실생활의 연결이다. 책에서 '길다'와 '짧다'를 배웠다면 국수를 먹을 때 젓가락을 길~게 집고서 "와~ 길다!" 하고 짧게 끊고서 "어~짧다!" 하면 된다. 그러면 아이가 신나서 엄마를 따라 한다. 국수로 재미있게 '길다, 짧다'를 체감하게 된다.

0세~4세 아이는 아직 제대로 앉아서 공부할 나이가 아니다. 공부는 아이에게 공기처럼 익숙한 환경으로 존재해야 한다. 이것이 공부육아의

공부가 쉬운 아이로 키워라

첫 시작이다. 첫 단추를 잘못 끼우면 그다음에 아무리 열심히 해도 잘못 입은 옷이 된다. 공부육아도 마찬가지다. 엄마들의 교육열이 날로 높아지니까 어린이집에서 아이들에게 공부를 가르치고 학습지를 주고 숙제를 준다. 뇌 교육, 두뇌 발달이라고 하면서 아이 뇌를 망치고 있다.

공부육아의 시작은 공부를 공기처럼! 자연스럽게!

누가? 엄마가! 이때부터 교육의 주체가 엄마가 되어야 아이가 잘 큰다.

공부육아 로드맵
1단계

1. 아이에게 건네는 따뜻한 말이 교육의 시작이다.

2. 시각, 청각, 촉각의 경험을 다양하게 해 준다.

3. 책을 자연스럽게 읽는 환경을 조성한다.

4. 영어 소리 자극으로 영어를 익숙하게 만든다.

5. 과목별로 나누어 공부 계획을 세워 본다.

공부가 쉬운 아이로 키워라

2단계

: 공부는 재미다

"아이들이 어떤 것을 배우기 어려워하는 이유는
우리가 어른의 방법으로 가르치려 하기 때문이다."

- 마리아 몬테소리 -

엄마를 미치게 하는
호기심 왕국

아이는 걷기 시작하면 호기심 대장이 된다. 내가 사는 이 세상에 대한 궁금증이 폭발한다. 세상은 궁금한 것투성이기 때문에 일단 만지고 부딪혀 본다. 아이는 세상으로 돌진하는 무법자다! 그러므로 이 시기의 엄마는 힘들 수밖에 없다. 위험한 물건은 모두 올려놓는데도 아이는 어디선가 또 새로운 무기를 찾아낸다. 탐구력이 에디슨급이다. 무조건 돌진하는 아이는 위험하기 짝이 없다. 아이를 항상 졸졸 따라다니며 살피지 않으면 가슴 철렁한 날이 이어진다. 엄마도 인간이기에 어느 순간 체력을 소진하게 되고 힘든 날은 아이를 제지하게 된다.

"안 돼. 이놈~!"

이 시기를 지혜롭게 보내는 방법은 사고의 전환이다. 아이가 도대체 왜 이러는지 유아기의 특성을 이해하면 아이의 마음이 보이기 때문이다. 마법처럼 화가 줄어들고 따뜻한 시선으로 아이를 대할 수 있다.

유아기의 마음은 3가지로 정리해 볼 수 있다.

1) 궁금하다.

2) 내가 하고 싶다.

3) 놀고 싶다.

아이들은 궁금하다. 세상에는 모르는 게 너무 많다. 나는 아직 알고 싶은 것이 많다. 그래서 아이들은 "왜?"라는 질문을 많이 한다. 유아기의 아이는 내가 사는 이 세상을 제대로 알고 싶은 탐구심이 매우 강하다.

아이들은 직접 해 보고 싶다. 내가 주체적이어야 한다. 아이의 독립성이 서서히 발달하기 시작하는 시기다. 이때의 아이는 이것저것 시도하면서 자기 능력을 확인한다. 문제는 어른이라면 해 보지 않을 시도를 아이들은 거침없이 한다는 것이다. 일단 지르고 본다! 위험해 보이는 아이에게 엄마가 친절하게 말한다.

공부가 쉬운 아이로 키워라

"엄마가 도와줄게."

하지만 아이는 단호하다.

"싫어, 내가 할 거야!"

아이는 스스로 무언가를 하면서 엄마로부터 독립을 시작한다.

이처럼 유아기에는 아이들의 호기심이 왕성하고 스스로 모든 것을 해 보려는 고집이 생기는 나이다. 아침에 자기가 좋아하는 옷을 입겠다고 (계절에 상관없이…), 좋아하는 장난감을 사달라고, 놀아달라고 떼를 쓴다. 자신의 주장이 강해지고 그만큼 욕심도 생기는 때다. 이때 엄마는 아이와 맞붙으려고 하면 안 된다. 아이의 생각을 읽을 줄 알아야 육아가 편해지고 자연스럽게 공부가 이루어진다.

또 하나의 큰 특징은 놀이를 좋아한다는 것이다. 놀이는 아이들의 본능이다. 한번 놀이에 빠지면 시간 가는 줄 모르고 노는 것은 아이들이 놀이를 사랑하기 때문이다. 놀이는 아이들을 즐겁게 하고 자기 능력을 확인해 주기도 하며 사회성을 키워 준다. 그래서 유아기에는 놀이를 통해 배우도록 하면 공부가 즐거워진다. 공부가 재미있어지는 순간은 공부가 놀이가 될 때이다.

또한 유아기는 다양한 경험을 통해 아이가 좋아하는 흥미를 찾게 되는 시기다. 어떤 아이는 자동차에, 어떤 아이는 공룡에, 어떤 아이는 디즈니에, 각자의 흥미를 찾아서 호기심을 충족하는 시기이다. 아이가 따라가는 흥미를 알아주고 그것을 이용해 공부를 놀이로 만들어 주면 아이가 공부를 재미있게 한다.

　아이가 학습을 많이 하는 유치원에 다니면 숙제가 초등학교보다 많다. 엄마들은 그 숙제를 시키느라 매일 아이와 실랑이를 벌인다. 아이는 앉아서 하는 학습지 숙제가 싫은데 엄마는 이걸 시켜야만 한다. 하지만 아직 아이는 앉아서 공부할 때가 아니다. 앉아서 하는 공부를 하려면 아이가 좋아하는 것으로부터 시작해야 한다. 그래서 나는 학습적인 유치원을 보내서 아이랑 싸우는 것을 권하지 않는다. 유치원에서는 그곳에서 놀면서 배우고 사회관계도 저절로 배우면 그만이다. 공부는 집에서 엄마랑 재미있게 하는 것이 제일 좋다. 게다가 놀이로 만들어 주면 아이는 자연스럽게 재미있는 공부에 빠진다. 아이가 책상에 앉아서 공부하는 것은 5분부터 조금씩 시작하면 되는데, 절대 엄마가 원하는 공부가 되어서는 안 된다. 아이가 좋아하는 그림그리기, 가위 자르기, 색종이 접기 등 아이가 좋아하는 활동이면 된다. 그래야 공부가 재미있어진다. 자신의 호기심을 채우는 것이 공부가 되기 때문이다.

　　　　　　　　　　　　　　공부가 쉬운 아이로 키워라

유아기에는 유치원에서 주어지는 숙제가 아니라 엄마가 아이의 호기심을 충족시켜 주는 것을 숙제로 삼아야 한다. 그것이 공부가 재미있어지는 유일한 길이다!

아이의
공부 가능성 세우기

이 시기의 아이는 누구나 공부 가능성을 갖고 있다. 공부 가능성을 키우는 것은 양육자의 태도다. 공부 가능성을 키우는 엄마는 아이의 호기심을 충족시키기 위해서 도와준다. 위험 요소를 제거해 주고 아이의 한계는 분명히 한다. 엄마가 정한 경계선 안에서 아이는 마음껏 자신의 호기심을 해결해 본다. 여기서 더 나아가 아이의 호기심을 점점 더 확장한다면 아이는 공부에 대한 긍정적인 인식을 하게 된다.

반대로 아이에게 학습적인 공부를 강요하면 공부에 대한 부정적인 감정이 싹튼다. 타의에 의해 공부를 하고, 강제성으로 억지로 하게 되고, 꼭 앉아서 해야 하는 공부가 되면 아이에게 공부는 그저 힘든 일이라는 인식이 생긴다. 학습형 유치원, 숙제가 많은 유치원을 다니면서 아이와 매일 싸우고 있다면 다시 한번 생각해 보아야 한다. 아이에게 공부란 과연 무엇인가? 엄마에 의해서 억지로 하는 곤욕스러운 공부인가? 정말

　　　　　　　　　　　공부가 쉬운 아이로 키워라

즐거운 공부인가?

아이의 공부 가능성을 키우기 위해서는 아이가 좋아하는 것을 찾아야 한다. 내가 무언가를 좋아하는 것은 다양한 경험 속에서 발견할 수 있다. 이것도 해 보고 저것도 해 보다가 내가 꽂히는 무언가를 자연스럽게 발견할 수 있는 것이다.

다양한 경험은 여러 가지 방식으로 줄 수 있는데 그 시작은 책이면 좋다. 책으로 다양한 사물과 세상의 모습, 사람들의 감정 등을 알려 주면 그중에서 아이가 좋아하는 무언가에 꽂히게 된다. 아이가 계속 보여 달라고 조르는 것, 알아서 찾아보는 것들이 아이에게 자연스럽게 다가오는 관심사다. 그것을 유심히 관찰해서 아이의 실생활 경험으로 연결해 주면 아이의 관심사가 더욱 깊고 넓어진다. 아이의 공부 가능성이 점점 커지는 시간이다.

첫째는 남자아이라 자동차를 그렇게 좋아했다. 자동차를 좋아하니 살 수 있는 자동차 책은 모두 구해서 읽어 주었다. 아이가 자동차 엠블럼을 외우고 자동차 이름을 읽으면서 한글을 익혀 갔다. 그뿐만 아니라 마트만 가면 항상 자동차를 보러 가자고 했는데 갈 때마다 토미카를 한 대씩 사 주었더니 나중에 한 바구니가 되었다. 그 외 자동차 주차장, 핫휠 등등 자동차 관련 장난감도 많이 사 주었다. 아이는 자동차 책을 보고 자동차 장난감을 갖고 놀면서 자신의 흥미에 더욱 빠져들었다. 그리고 가끔 시간을 내서 자동차 박물관, 현대 자동차공장 견학을 하면서 진짜 자동차가 어떻게 만들어지는지 직접 보면서 아이의 호기심을 충족시켜 주었다. 자동차 사랑은 영어 공부에도 영향을 미쳤다. 자동차가 나오는 〈타요〉, 〈폴리〉와 같은 애니메이션을 영어로 보여 주니 아이가 좋아하며 잘 봤다. 흘려듣기가 저절로 되고 한글과 함께 영어까지 순항을 탔다.

여기에서 중요한 것은 아이의 경험을 노는 것만으로 끝나는 것이 아니라 책으로 함께 연결해 주는 것이다. 책과 현실 경험을 통해 지식을 확장하는 경험을 해야 아이의 호기심이 공부로 연결된다. 자동차를 책에 있는 사진으로만 보는 것과 실제로 보는 것은 다르다. 자동차의 크기, 자동차 내부를 직접 눈으로 확인하면서 내가 본 지식이 체화된다.

공부가 쉬운 아이로 키워라

아이가 자동차를 좋아할 때는 아이가 좋아하는 자동차를 타는 지인을 만나면 보닛을 열어 엔진을 좀 보여 달라고 부탁해서 아이에게 보여 주기도 했다. 그렇게 아이는 공부 가능성을 키워 갔다.

아이가 한 가지에 흠뻑 빠진 후에는 다른 곳으로 관심사가 옮겨 가기도 한다. 그러면 그때는 다시 아이의 다른 호기심에 대해서 관심을 두고 확장해 준다.

아이의 자동차 사랑은 다른 탈 것들로 이어졌다. 책에 있는 지하철을 보면 그렇게 타고 싶어 했다. 서울 지하철, 대전 지하철, 대구 지하철 등 각 도시의 지하철 사진을 보면서 타러 가자고 했다. 그뿐만 아니라 무궁화호, 새마을호, KTX까지 타고 싶다고 했다. 기차 책을 보면서 애타게 기차를 타고 싶다는 아이를 위해 우리는 이제 기차와 지하철을 타러 다니기 시작했다. 대구에 가면 대구 지하철을 타고 동성로에 가고, 지상철을 타고 서문시장에 갔다. 서울에 가서 지하철을 타고 롯데월드를 가면서는 복잡한 서울 지하철 노선을 보며 이야기를 나누었다. 아이가 무궁화호를 타 보고 싶다고 한 날은 일부러 자동차 대신 계룡역에서 서대전역까지 기차를 타고 대전으로 갔다. 내린 김에 코스트코에 가서 간단하게 장을 보고 집으로 오는 것이 우리의 짧은 기차 여행이었다. 쉬워 보이지만 쉽지 않았다. 당시에 둘째를 안고 다니던 시절이었기 때문에 아이 둘을 데리고 열차를 타는 것은 사실 도전이었다. 둘째는 사람 많은 지하철만 타면 공기가 답답한지 울어댔고 그러면 우리는 다음 역에 내려서 아이를 달래서 다시 다음 열차를 탔다. 그렇게 어려웠던 우리의 열차 여행도 아이의 관심이 바뀌면서 서서히 종료되었고 지금은 우리의 좋은 추억으로 남아 있다.

아이의 호기심은 물론 다른 관심사로 옮겨 갔다. 공부 가능성은 아이를 따라다녔다.

놀이로
재미있게 공부하기

초등학교에 들어가기 전의 공부는 놀이 중심이어야 한다. 그래야 아이의 흥미가 길게 갈 수 있다. 엄마는 아이가 책상에 앉아서 연필을 잡고 공부하기를 바라지만 그것은 엄마의 환상이다. 아직 아이의 집중력은 그렇게 크지 않다.

놀이로 공부를 하는 아이는 공부를 즐거운 놀이라고 생각하기 때문에 계속해 달라고 조른다. 하기 싫어서 도망가는 공부가 아니라 아이가 스스로 찾는 공부가 된다. 그래서 유아기에는 놀이로 재미있게 하는 공부가 가장 효율적이다.

유아기에 필요한 공부도 앞으로의 학교 교육과정과 관련지어 국·영·수로 나누어 생각해야 한다. 왜냐하면 공부가 쉬운 아이로 키우기가 목표이기 때문이다. 공부란 결국 학교 공부로 이어진다. 학교에서 배우는 과목 중에서 단기간에 성적을 올리기 어려운 과목이 국·영·수다. 이 세 과목은 10년 정도의 내공이 쌓여야 탄탄한 실력이 쌓이고 한 번 실력을 쌓게 되면 잘 내려가지 않는다. 그러므로 국·영·수를 미리 준비해서 천천히 쌓으면 공부가 쉬운 아이가 된다. 다만 아이가 어릴 때는 강압적인 공부가 오히려 해가 되기 때문에 재미있게 놀이로 공부해야 10년 동안의 주지 과목 공부를 이어 갈 수 있다. 과목별로 국어는 한글과 읽기 독립, 영어는 영어 귀 트이기, 집중 듣기, 읽기, 수학은 간단한 연산과 수 감각 키우기 정도면 충분하다. 그 외 사회, 과학, 예체능은 선택이고 개인 취향이다. 여기에서는 국·영·수만 다루도록 한다.

공부가 쉬운 아이로 키워라

1) 국어

한글 놀이	① 자석 낱말카드로 통글자 익히기 　: 자석 낱말카드를 그림만 붙이고 글자 맞추기, 글자만 붙이고 그림 맞추기 ② 몸 따라 그리기 　: 전지에 아이를 눕혀서 몸을 따라 그리고 신체 부위 한글로 적고 읽기 ③ 한글 정거장 놀이 　: 실내용 붕붕카 타고 집안 곳곳에 붙여 놓은 정거장으로 이동하기 ④ 한글 낚시 　: 한글 카드를 장난감 낚싯대로 잡아 올리기 ⑤ 한글 요리 　: 장난감 싱크대에서 요리할 때 한글 메뉴판을 적어 놓고 주문하기 ⑥ 벽 그림 이름 떼기 　: 벽 그림에 포스트잇으로 이름 붙이고 부르면 달려가서 떼기 시합하기 ⑦ 주사위 놀이 　: 큰 주사위에 한글을 적어 붙이고 던져서 나온 것 읽거나 찾기 ⑧ 나만의 마트 꾸미기 　: 전단지를 오려 붙여서 도화지에 나만의 마트 꾸미기 ⑨ 전지 그림그리기 　: 유리창에 전지를 붙이고 함께 그림 그린 후 이름 적기 ⑩ 한글 클레이 　: 클레이를 갖고 놀 때 한글 모양으로 만들어 보기

읽기 놀이	① 매일 아침 보드 편지 　: 현관 앞 보드에 편지를 써놓고 아침마다 읽고 나가게 하기 ② 화장실 퀴즈 　: 화장실 벽에 퀴즈를 적어 놓고 읽은 후 풀게 하기 ③ 아이만의 책 만들기 　: 아이 사진을 붙여서 아이를 주인공으로 한 책 만들고 읽기 ④ 노래 가사 벽에 붙이기 　: 아이가 좋아하는 노래 가사 적어서 벽에 붙이고 읽기 ⑤ 쪽지 편지 　: 아이에게 쪽지 편지 쓰기

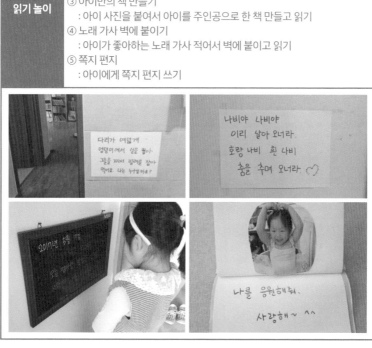

공부가 쉬운 아이로 키워라

2) 영어

영어 놀이	① 몸 따라 그리기(영어 버전) 　: 전지에 아이를 눕혀서 몸을 따라 그리고 신체 부위 영어로 적고 읽기 ② 영어 단어 만들기 　: 알파벳 카드나 자석을 이용하여 영어 단어 만들고 맞추게 하기 ③ 파닉스 빙고 　: 파닉스를 배우고 나면 단어를 쓰고 빙고 놀이하기 ④ 영어 보드게임 　: 파리 잡기 보드게임, 스크래블, 게스후 등

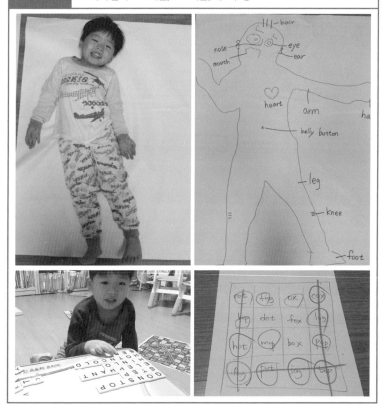

3) 수학

수학 놀이	① 보드 연산 　: 보드에 연산 문제 내고 풀기 ② 수모형 놀이 　: 엄마가 부르는 숫자에 맞는 수모형 놓기 ③ 잠자리 수학 이야기 　: 잠자기 전 수학 문제가 있는 이야기 들려주기 ④ 뱀 사다리 게임 　: 뱀 사다리 게임을 하면서 100까지의 수 익히기 ④ 수배열판 놀이 　: 100까지의 수 익히기, 뛰어 세기 하기 ⑤ 수학 보드게임 　: 셈셈 시리즈, 할리 갈리, 다빈치 코드 등 ⑥ 자동차 발사 놀이 　: 자동차를 발사하고 점수판에 기록하여 총점 계산하기

공부가 쉬운 아이로 키워라

좋아하는 것에 몰입하며
공부 머리 키우기

아이들을 잘 관찰해 보면 좋아하는 것을 발견할 수 있다. 아이가 자주 찾는 것은 아이의 흥미를 끄는 것이라고 보면 된다.

아이들이 어릴 때 처음으로 보여 준 영화가 〈겨울왕국〉이었다. 물론 영어로 보여 줬다. 아이들이 영어로 듣는 것이 익숙했기 때문에 거부반응이 없었다. 아이들에게 영어는 한국어와 같은 일상 언어였다. 겨울왕국을 좋아한 아이들은 계속 보여 달라고 졸랐다. 그래서 첫째 6살, 둘째 4살일 적에 겨울왕국을 50번 보았다. 같은 영화를 50번 보니 아이들이 대사를 외우기도 하고 노래를 따라 부르기도 하면서 영어를 자연스럽게 익혀 갔다. 겨울왕국은 우리에게 영어에 몰입할 수 있게 해 주는 또 하나의 매개체였다.

그때부터 둘째의 디즈니 영화 사랑이 시작되었다. 영어에 특히 잘 반응하던 딸이 디즈니 공주 영화에 흥미를 보이기 시작하면서 모든 디즈니 공주 시리즈 영화를 영어로 보고 또 보았다. 평소에 집에서 놀 때도 디즈니 노래를 틀어 주었더니 노래만 들어도 디즈니 어떤 공주고 어떤 장면인지 다 외워 버렸다. 이때다 싶어서 공주 영어책을 사들이기 시작했고 당연히 다른 영어책보다 공주 영어책을 좋아했다. 애정하고 애정하던 『디즈니미리더』, 『리틀 프린세스 소피아』, 『스트로베리 쇼트케이크』, 『스텝인투리딩 디즈니 프린세스 시리즈』, 『바비 시리즈』등 수많은 공주책들을 읽어 주고 읽으면서 영어에 대한 깊이를 더해갔다. 특히, 『디즈니 프린세스 백과』는 절판된 책이라 중고로 구입해서 보여 주었는데 그 책은 초등학생이 되어서도 아끼는 책이 되었다.

첫째는 어릴 때 보드게임을 참 좋아했다. 특히, 사고력이나 수학과 관련된 보드게임을 주로 했다. 연산 학습지로 공부를 시키는 것은 한 장하고 나면 더하지 않으려고 했고 가끔은 아이가 하기 싫다고 했다. 점점 숫자가 커질수록 계산이 힘드니까 거부반응을 보였다. 그런데 연산 보드게임을 했더니 반대로 아이가 더하자고 했다. 아이를 책상에 앉혀두지 않고도 놀면서 공부가 되니 연산 능력도 저절로 키워졌다.
〈셈셈 피자가게〉는 하원 후 우리의 단골 놀이였다. 셈셈 피자가게를

공부가 쉬운 아이로 키워라

열심히 하고 나니 아이는 다음 단계 게임에 관심을 보였고 점점 단계를 높여가면서 보드게임을 했다. 〈셈셈 테니스〉를 할 때는 구구단을 저절로 외울 수 있었고 〈셈셈 눈썰매장〉을 할 때는 나눗셈이 아직 완전하지 않았지만 게임을 통해 몫이 완전히 나누어떨어지지 않는 나눗셈까지 배울 수 있었다.

연산 보드게임이 좋은 것은 의미 없는 암기식 계산이 아니라 원리를 이해하는 암산을 할 수 있게 되는 것과 지루한 공부가 아니라 재미있는 공부가 가능하다는 점이다. 아이가 보드게임을 하자고 하면 귀찮은 적도 많았지만 그 귀찮음을 넘어서는 노력에 아이의 공부 머리가 반응했고 서로 눈물 콧물 빼지 않고 연산을 스무스하게 공부할 수 있었다. 이 시간은 당연히 공부에도 도움이 되었지만 그 보다 함께하는 시간 속에서 웃고 부대끼면서 아이와 사이가 애틋해진 것은 어떤 것과도 바꿀 수 없는 값진 선물이었다.

특히, 여행을 갈 때는 항상 생각하는 보드게임을 챙겼다. 기차를 타거나 기다릴 때 심심할 수 있으니 그 시간에 보드게임을 했다. 기차를 탈 때는 〈러시아워〉를 하면서 생각하다 보면 지루한 시간이 훌쩍 지나 있었다. 보드게임을 못 챙겼을 때는 휴지에 볼펜으로 문제를 내주면서 아이들에게 풀어 보도록 했다. 신기하게도 문제집을 꺼냈으면 하지 않았을 테지만 휴지에 문제를 내주니 서로 해달라고, 다음 문제를 또 내달라고 졸랐다.

연산은 밤에 잘 때도 아이들이 계속해달라고 졸랐다. 밤마다 엄마가 불을 끄고 이야기를 해 주었기 때문이다. 이야기 내용은 사실 형편없었다. 전래동화 이야기 중간중간에 연산 문제를 넣어서 이야기해 주었는데 아이들이 문제 맞히는 것을 너무 좋아했다.

이야기는 이런 식이었다.

옛날 옛적에 엄마와 오누이가 살았어요. 엄마는 떡 장사를 해서 아이들을 먹이고 키웠어요. 그날도 엄마는 떡을 팔고 저녁 늦게 고개를 넘어 집으로 가고 있었어요. 그때 갑자기 호랑이 한 마리가 나타났어요.

"떡 하나 주면 안 잡아먹지!!"

"아이고, 호랑이님. 제가 떡을 다 팔아서 떡이 하나도 없어요. 죄송해요."

"그래? 그럼 내가 헷갈리는 문제가 있는데 이것을 맞추면 목숨은 살려 주마!"

"네네~ 알겠습니다."

"16+25는 무엇이냐?"

공부가 쉬운 아이로 키워라

이렇게 문제를 내주면 아이들이 서로 맞춘다고 난리였다. 잠자리 수학 이야기는 매일 밤 아이들이 해 달라고 졸라서 아는 전래동화 이야기를 모두 가져다 쓰고 난 후 한동안 소재가 없어서 애를 먹을 정도로 이어졌다.

공부라는 것이 책상에 앉아서만 하는 것이 아니라 이렇게 형식만 조금 바꾸어 주어도 아이들은 즐거워하고 스스로 더하려고 했다. 놀이로 연산을 하다 보니 생각지도 못한 암산 능력이 생겼고 공부 머리는 더 좋아질 수밖에 없었다.

잊지 말자. 공부는 엄마가 원하는 방식이 아니라 아이가 좋아하는 방식을 따라가면 더 길고 넓게 할 수 있다.

1. 아이의 마음을 보는 연습을 한다.

2. 다양한 경험으로 아이의 관심사를 찾는다.

3. 아이의 관심을 공부로 연결해 준다.

4. 놀이로 재미있게 공부한다.

5. 좋아하는 것에 몰입하며 공부 머리를 키운다.

3단계

: 공부는 습관이다

"노력하면 재미있는 일이 생긴다."

- 안도 다다오 -

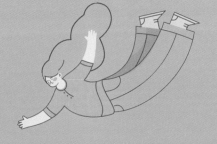

초등 준비는
5살에 시작하자

1학년 담임을 할 때였다. 매년 2월이면 인근 유치원 7살 친구들이 초등학교를 방문했다. 7살 친구들은 신기한 듯이 책상에 앉아 보고 다가올 학교생활을 설레했다. 반면 학부모님들은 초등학교 생활에 대해 걱정하시고 아직 준비가 안 된 아이들을 불안한 눈빛으로 바라보는 모습을 많이 보았다.

'우리 아이는 아직 혼자 화장실을 못 가는데….'
'우리 아이는 아직 한글을 모르는데….'

많은 걱정과 고민을 한가득 안고 계셨다.

그런데 이 걱정은 초등학교 입학을 해서도 그대로였다. 입학하면서도 아직 아이는 준비가 안됐기 때문이었다. 결국 7살 때 시작해서는 제대로 된 습관 형성이 어렵다고 봐야 한다. 유아 시기의 아이들은 무언가를 학습할 때 긴 시간을 갖고 준비해야 제대로 배우기 때문이다. 급하게 닥쳐서 가르치다 보면 아이를 닦달하게 되고 아이가 내 마음대로 움직여 주지 않는다. 그래서 결국 아이는 준비가 안된 채로 학교에 입학하게 된다.

그러면 초등학교 입학 준비는 몇 살부터 해야 할까? 5살부터다!

우리 아이는 5살 가을부터 초등 준비를 시작했다. 미리 해야 자연스럽게 될 거라고 생각했기 때문이다. 그 생각은 적중했다. 나의 목표는 초등학교 수업 적응이 목표였고 우리에게는 시간이 많았기 때문에 아이를 푸시하지 않고 편하게 준비할 수 있었다.

초등학교 수업은 1시간이 40분이다. 40분 동안 여러 가지 활동이 이어지긴 하지만 일단 40분 동안 한자리에 앉아 있는 힘이 있어야 한다고 생각했다. 이 습관은 한순간에 되는 것이 아니었다. 그래서 5살 가을부터 책상에 앉는 연습을 시작했다. 5살에 10분부터 시작해서 6살에 20분, 7살에 30분, 그러면 8살에 40분을 앉아 있을 것이라는 계획이었다.

먼저 책상을 준비했다. 아이가 둘이었기도 했고 1인용 책상은 너무 작아서 활동이 어려워 2인용 책상으로 구매했다. 자, 아이가 책상이 생겼으니 관심을 갖고 "엄마 나 여기에서 책 읽고 공부할래요!"라고 이야기할 거라는 생각을 했다면 오산이다. 아이는 항상 내 계획을 빗나간다. 엄마가 먼저 아이를 조금씩 책상으로 끌어들여야 한다.

"○○아, 우리 책상에서 간식 먹을까?"
"우리 책상에서 그림 그릴까?"

하면서 책상에 자연스럽게 앉는 것을 유도했다.

책상이 생겼다고 해서 아이에게 바로 공부를 시키면 아이는 책상에 오지 않는다. 종이 자르기, 미로찾기, 색칠하기 등등 자기가 하고 싶은 것을 책상에서 할 수 있는 기회를 주어야 한다.

"○○아, 책상에서 뭐 할까?"
하고 물어보면서 스스로 책상에서 할 거리를 찾도록 했다.

처음 5살 때는 그렇게 아이가 좋아하는 만들기, 오리기, 그리기 등을 하면서 책상에서 10분을 보냈다. 책상이 익숙해질 때쯤 이제 좀 더 규칙적인 습관을 만들었다. 정해진 시간에 책상에 앉아서 무엇을 하도록 했다. 저녁을 먹고 7시쯤이면 아이와 함께 책상에서 여러 가지를 했다. 처음에는 놀이였지만 점점 글씨 쓰기도 해 보고 수학 문제도 풀어 보면서 아이와 함께 책상에서 시간을 보냈다.

이때 철칙이 있다. 절대 엄마가 딴짓하지 않는 것이다. 휴대폰을 보거나 집안일을 하면서 자리를 비우면 아이의 집중력은 금방 흐트러진다. 일주일에 5일, 평일에는 저녁 먹고 책상에 앉아서 할 일을 하기! 이때부터 규칙적으로 지키면 어느새 습관이 되고 아이는 책상에 앉아서 무언가를 하는 것에 거부감이 없어진다.

유치원 아이들이 초등학교 입학을 하면서 신기해하는 것 중 하나가 책상이다. 유치원처럼 좌식이 아니라 입식 책상에 앉아서 공부하는 것을 새롭게 여긴다. 하지만 집에서 책상에 앉아 책을 읽고 공부를 해 본 아이는 다르다. 수업 시간에 집중을 잘하고 잘 앉아 있다.

어릴 때부터 아이들을 키우면서 항상 떠올리는 말이 있다.

유비무환!
미리 준비하면 걱정이 없다.

공부가 쉬운 아이로 키워라

학교생활에 적응이 쉬운 아이가 학교생활을 주도적으로 잘할 거라는 건 두말하면 잔소리다. 이미 익숙한 공부 환경에 있는 아이는 자신의 영역을 만들고 자기 능력을 마음껏 펼칠 수 있다.

초등습관
자동화 시스템 만들기

초등시기에 반드시 들여야 할 습관을 딱 하나만 꼽으라면 바로 '공부하고 놀기'이다. 이 습관만 바르게 잡혀 있어도 학교생활이 편하고 공부가 쉬워진다. 이 시기의 공부는 매일 3번 양치를 해야 이가 튼튼해진다는 것처럼 일종의 규칙적인 습관이다. 또한 몸이 자라기 위해서 건강한 식단으로 밥을 먹는 것처럼 뇌에도 밥을 주는 것과 같다. 초등시기에 이런 훈련이 가능한 이유는 이 시기에 사회성이 발달하기 때문에 조금 불편한 것도 참을 수 있기 때문이다. 그러므로 힘들어도 참고 나에게 이로운 것을 해야 하는 것을 가르치는 것이 좋다.

공부 습관이 자동화되기 위해서는 3가지가 필요하다.

공부가 쉬운 아이로 키워라

1) 의식 프로그래밍

의식 프로그래밍은 가치관 교육이다. 아이에게 공부가 당연히 해야하는 일임을 뇌에 각인시키는 것이다. 일종의 도덕과도 같다고 보면 된다. 인간은 사회적 동물이기 때문에 여러 사람이 사는 사회에서 서로 배려하기 위해 불편함을 감수하고도 도덕을 지킨다. 강제성이 없지만, 서로를 위해 으레 지키려고 하고 어른이 있으면 예의를 갖춘다. 이것은 어릴 때부터 가르쳐 온 의식교육 때문이다. 컴퓨터에 비유하자면 우리의뇌에 프로그래밍이 된 것이다.

공부 습관도 마찬가지다. 아이에게 공부란 자신을 위해서 당연히 해야 하는 일임을 생활 속에서 프로그래밍해야 한다. 그래야 공부에 대한 당위성이 부여된다. 공부를 왜 해야 하는지에 대한 논쟁 속에 있으면 공부 자체에 집중하기가 어렵고 공부를 할 때마다 엄마와 대립하게 된다. 공부를 잘하려면 공부는 당연히 해야 하는 것이라는 의식이 깔려 있어야 한다. 그리고 그 의식을 프로그래밍하는 것은 엄마다. 그러나 프로그래밍이라고 해서 무조건 강압적으로 이루어지면 안 된다. 아이에게 선택권을 주어야 자신의 선택으로 자연스럽게 공부를 받아들이게 된다.

공부하다 보면 아이가 오늘은 먼저 놀고 싶다는 날이 있다. 그런 날은 아이에게 선택권을 준다.

"언제 공부를 하고 싶니?"
"친구랑 놀고 나서 저녁에 할게요."

아이를 일단 믿어 준다.

친구랑 실컷 놀고 온 아이가 저녁을 먹고 공부를 할라치면 노곤해지고 잠이 올 수밖에 없다. 아이는 결국 약속을 못 지킨다. 이렇게 행동으로 본인이 경험해야 공부를 먼저 해야 한다는 엄마의 말에 수긍할 수 있다. 약속을 못 지켰기 때문에 다음부터는 공부를 먼저 하고 놀기를 쉽게 받아들인다.

프로그래밍은 생활 속에서 이루어진다. 말과 행동이 일치하면 자연스럽게 공부하는 분위기가 형성된다. 때로는 단호하게 아이에게 공부의 당위성을 알려 주고 함께해야 한다.

2) 매일 정해진 공부 루틴

공부에는 루틴이 있어야 한다. 오늘은 영어, 내일은 수학, 다음 날은 책 읽기 이런 식이 아니라 매일 정해진 양의 공부를 하는 것이 좋다. 국·영·수 중심으로 매일 일정 분량을 공부하고 그 외 공부는 옵션이다.

국어의 경우 초등시기에는 책 읽기만큼 중요한 것이 없다. 말했듯이 책 읽는 초등학생이 점점 줄어들고 있다. 국어 독해문제집, 어휘문제집 등은 책으로 문해력을 키운 후에 푸는 것이 좋다. 문제집으로 하는 공부는 고학년에 해도 충분하다. 초등 때 매일 책 읽기는 가장 먼저 챙겨야 할 루틴이다.

영어는 엄마표로 진행할 경우 매일 정해진 양의 집중 듣기, 책 읽기를 한다. 학원에 다닐 경우 학원 숙제를 하고 그 외 영어책 읽기를 병행하면 좋다.

수학은 아이의 능력에 맞게 공부를 한다. 연산, 사고력, 심화, 선행 문제집 중 어느 것이든 하루에 3장씩 푼다고 생각하고 하면 된다. 예를 들면 연산은 매일 1장씩 풀고, 선행을 2장씩 풀다가 선행이 막히면 사고력을 2장씩 풀고, 사고력이 어려워지면 다시 선행이나 심화를 한다.

이렇게 아이의 수준에 맞게 하루에 국 · 영 · 수를 기준으로 정해진 공부를 하도록 한다.

루틴에서 가장 중요한 것은 매일매일 지키는 것이다. 엄마가 피곤하다는 이유로 한두 번씩 건너뛰면 아이도 힘들 때 안 하려고 하고 습관이 형성되기 어렵다. 엄마가 집에 있다면 아이가 학교에서 돌아온 후 간식을 먹고 할 일을 바로 한다. 이때 아이에게 공부를 혼자 시키면 안 된다. 공부할 때 억울한 마음이 들면 공부가 하기 싫어지기 때문이다. 엄마가 아이의 공부를 함께 봐주거나 엄마도 자기 공부를 해야 한다. 다른 사람은 놀고 혼자만 공부하지 않도록 공부하는 분위기를 만들어 주는 것이 중요하다. 엄마가 일한다면 저녁 식사 후 정해진 시간에 함께 공부한다. 매일 뇌에도 건강한 밥을 주는 시간이 필요하다는 것을 행동으로 인식시키는 것이 중요하다. 힘들다고 양치를 빼먹지 않는 것처럼 힘들다고 공부를 건너뛰면 안 된다. 엄마가 피곤하다고 지키지 않으면 아이도 피곤하면 안 해도 된다는 생각을 하므로 최대한 습관을 들이도록 노력해야 한다.

공부가 쉬운 아이로 키워라

3) 적절한 보상 시스템

아직 아이이기 때문에 매일 공부하기를 미룰 수도 있고 당장 나가서 놀고 싶은 마음이 들 수도 있다. 그때 필요한 것이 보상 시스템이다. 매일 놀고 싶은 것을 잠시 미루고 해야 할 공부를 했을 때 아이를 칭찬하고 긍정적인 강화를 하는 것은 매우 중요하다.

첫째의 경우 하교 후에 집에 오면 간식을 먹고 나서 함께 수학 공부를 했다. 수학 공부가 끝나면 아이와 함께 나가서 야구를 해 주었다. 당시에 아이가 야구를 매우 좋아했기 때문에 매일 아이와 공 던지고 받기 연습, 야구 놀이가 공부 후 매일 루틴이었다. 아이는 엄마와 나가서 놀기 위해서 빨리 수학 공부를 했고 매일 즐겁게 야구를 하면서 아이와의 추억이 쌓였다.

보상은 아이가 좋아하는 것이어야 한다. 그래야 공부 진행이 쉬워진다. 30분 뒤 자기가 좋아하는 것을 위해 잠시 할 일을 하는 것은 도전할 만하기 때문이다. 또한 단기적인 보상이 아이에게 더 와닿을 수 있다. 100일을 해야 받을 수 있는 장기적인 보상보다는 단기적인 보상이여야 아이가 체감할 수 있다. 아이들은 짧은 미래를 마음속에 그릴 수 있지만 너무 먼 미래는 꿈이라고 생각할 수 있다.

엄마의 기준에서 좋은 보상이 아니라 아이가 좋아하는 보상을 제시해야 아이가 잘 따라온다.

문제집 쓰레기통에
버려 본 사람 손!

문제집 쓰레기통에 버려 본 사람? 바로 접니다. ㅜㅜ

아이와 공부하다 보면 위기가 온다. 아이도 엄마도 인간이기에 힘들 때는 실수를 하기 마련이다. 그날이 우리에게는 바로 그런 날이었다.

초등학교 2학년 때 아이가 어느 날 공부를 하기 싫다고 했다. 자꾸만 공부를 미루고 짜증을 냈다. 집중하면 금방 해 버릴 것을 시간을 끌면서 징징대기도 했다. 처음에는 그럴 수 있지…. 달래면서 공부를 하다가 어느 순간 임계점을 넘어가기 시작했다. 육아에 살림에 공부에 몸과 마음이 지쳐 있던 나는 발화점에 도달하면서 아이에게 불같이 화를 냈다.

"그렇게 할 거면 하지 마! 공부하지 마! 문제집 엄마가 버릴 거야! 하지 마!"

(문제집을 쓰레기통에 처넣음.)

"아니야, 할 거야! 할 거라고~~엉엉엉~~~!!!"

인간이기에 당연히 슬럼프가 오기 마련인데…. 뭘 몰랐다. 아이를 닦달하고 꾸준히 해야만 한다고 생각했다. 목표에 꽂혀 있어서 아이의 마음을 보지 못했다. 공부뿐만이 아니라 무엇이든 결과를 만들어 내기 위해서는 귀찮음을 넘어서는 꾸준함이 있어야 하는 것은 자명한 사실이다. 하지만 그 길이 항상 평탄하지만은 않다. 누구나 어려운 시기가 있다.

나중에 알았다. 이것이 정신분열증을 일으킬 수 있는 행동이란 것을….

공부하지 말라고 했지만 진짜 속마음은 아이가 공부를 잘하기를 바라는 것이었고, 아이는 한다고 했지만 사실은 하고 싶지 않은 것이었다. 엄마는 순간적인 화 때문에 진짜 속마음과 다른 말을 거칠게 뱉어냈고 아이는 엄마에게 버려질까 봐 엄마의 기대에 부응하지 못할까 봐 본능적으로 본심과 다르게 엄마가 듣고 싶은 말을 했다.

이날의 해프닝은 아들의 본능에 가까운 눈치로 결국 문제집을 쓰레기통에서 꺼내 와서 내일 하는 것으로 마무리되었지만 지금 되돌아보면

공부가 쉬운 아이로 키워라

정말 못난 엄마였다. 그 이후로는 아이에게 진심으로 말하는 법을 배웠다. 내 마음에 없는 말을 하지 않으려고 노력했고 아이가 아주 힘든 날은 마음 편히 쉴 수 있도록 눈치 주지 않았다. 공부 습관이 잡히고 나서부터는 가끔 아이들에게 Free Day를 외쳐 주기도 했는데, 그러면 아이들이 "엄마 최고!" 하면서 너무 즐거워했다.

공부도 중요하지만 더욱 중요한 건 아이들과의 관계다. 공부를 잘하든 못하든 그 모습 그대로의 아이들을 사랑한다는 것을 잊지 말아야 한다. 엄마만 알고 있는 것이 아니라 아이들도 그것을 느낄 수 있도록 해 줘야 한다. 열 달 동안 품고 내 배 아파 낳은 아이를 있는 그대로 사랑하지 않는 엄마는 없다. 그러나 공부라는 욕심이 엄마의 모성애를 가려 버리기도 한다. 사람의 마음은 표현하지 않으면 아무도 알 수 없다. 그래서 표현하지 않는 사랑은 진짜 사랑이 아니다. 아이가 할 일을 잘했다면

"잘했어. 고마워. 대단하다."

칭찬해 주고 안아주어야 한다.

그뿐만 아니라 매일 매일 일상에서 아이에게.

"사랑해"

하고 표현해야 한다. 공부도 중요하지만 그 밑바탕에 공부를 잘하든 못하든 엄마 말을 잘 따르든 안 따르든 내 아이로 존재하는 것만으로도 사랑한다는 것을 아이가 느낄 수 있어야 한다. 그 마음을 아이가 느끼고 있을 때 엄마의 잔소리도 자기를 위한 말임을 알게 되고 훈육을 받아들일 수 있다.

공부가 쉬운 아이로 키워라

학원을 똑똑하게
활용하는 방법

    같은 유치원, 학교 엄마들과의 만남이 시작되면서부터 엄마들은 사교육에 대한 본격적인 압박을 받기 시작한다.

    "영희는 영어학원 탑 반이래, 엄마가 엄청나게 시킨대."
    "철수는 수학학원 의대 반이래, 저길 가야 수학을 잘한대"

    등등 많은 정보를 접하게 되기 때문이다. 게다가 엄마 말을 잘 듣고 학원도 꼬박꼬박 잘 가는 친구를 보면 집에서 자동차 가지고 매일 놀고 있는 내 아이가 생각 없어 보이고 뒤처지고 있는 것만 같다. 갑자기 마음이 급해진다. 다들 달리고 있는데 내 아이만 앉아서 놀고 있는 것 같다. 이러한 분위기에 혹하다 보면 아직 준비가 안 된 아이를 계속 학원 레테를 치게 하고 안되면 다음에, 또 다음에 계속 시도하면서 꼭 그 학원을 가려고 애를 쓴다. 하지만 유명한 그 학원은 호락호락하지 않다.

학원과 아이의 레벨이 엄마의 자존심이 되는 시대다. 그러나 그때 꼭 상처받는 아이의 마음도 생각하면 좋겠다. 세상에 꼭 그 학원에 가야만 잘되는 건 없다. 학원을 바라보는 시선을 조금만 바꾸어도 학원에 끌려다니지 않고 학원을 200% 활용할 수 있다.

1) 학원은 사업이다

한번쯤은 학원 입장에서 생각해 보면 좋겠다. 우리나라처럼 학원이 진심 마케팅을 하는 곳이 있을까? 학원에서는 여러 가지 입시정보를 제공함으로써 고객을 모으고, 화려한 입시실적을 보여 줌으로써 우리 학원에 다니면 아이가 잘될 것처럼 유혹한다. 입시설명회에 참석한다고 제공한 내 개인정보로 때마다 학원 홍보 문자가 온다. 학원도 사업이다. 돈을 벌기 위해 운영을 한다. 그 대상이 아이들이고 성적이기 때문에 아이들을 걸러서 받기도 한다. 준비가 안 된 아이는 받지 않는 것이다. 유명한 학원 중에 아이의 지능과 선행능력, 학습 태도 등을 모두 고려하여 잘 따라올 것 같은 아이만 받는 학원들도 있다. 당연히 실적이 좋다. 과

공부가 쉬운 아이로 키워라

연 우리 아이가 거기에 줄을 서야 할까?

정말 아이의 실력을 위한 결정인지, 그 학원에 보내면 다 될 것 같은 마케팅의 현혹인지 이제는 엄마가 똑똑해져야 한다. 홍보물 뒤에 있는 진실을 볼 수 있는 눈을 길러야 학원에 전기세 내주는 신세가 되지 않을 수 있다.

나는 나쁜 사교육과 좋은 사교육이 있다고 생각한다. 나쁜 사교육은 학원의 확장, 실적을 중요시하고 아이들의 세세한 성장에 관심을 쏟지 못하는 곳이다. 반면에 좋은 사교육은 아이의 진짜 성장에 관심을 보이고 아이들의 마음을 이끌어 주며 교육하는 곳이다. 시험점수로 아이를 나누고 숙제를 다 끝낼 때까지 아이를 잡아두는 곳이 아니다. 아이가 공부하고 싶은 마음이 들 수 있게 해 주는 곳이다.

유명한 학원보다 사업이 잘되는 학원보다 내 아이의 마음을 잡아 주고 아이에게 진심으로 교육을 해 줄 수 있는 학원을 찾는 것이 좋다. 그래야 아이가 중고등까지 길게 공부를 잘할 수 있다.

2) 학원은 옵션이다

공부 잘하는 아이의 특성을 이야기할 때 항상 나오는 첫 번째는 자기 주도성이다. 자기 주도로 스스로 계획하고 공부하는 아이가 공부를 잘한다. 이런 엄친아들을 보면 엄마들은 자기 주도로 공부하지 못하는 내 아이를 보고 하소연한다. 그러나 아이는 학원 숙제에 치여서 오늘도 12시를 넘어서야 잠이 든다.

'우리 아이도 공부를 안 하는 건 아닌데…. 하…. 역시 될놈될 할놈할인가.'

뭐가 문제인지 모르겠다.

학원을 아이 공부의 전부인 것처럼 여기고 학원 레벨을 공부의 목표인 것처럼 생각하는 사람들이 많다. 실제로 유명한 학원들은 숙제가 매우 많고 그것만 해도 하루가 훌쩍 가 버린다. 학원에 끌려다니는 공부를 할 수밖에 없는 시스템이다.

하지만 정말 공부를 잘하는 집은 아이들의 공부에서 학원이 공부의 주가 아니다. 학원은 어디까지나 옵션이다. 아이의 공부 계획은 엄마가 갖고 있다. 학원을 맹신하고 따라가지 않는다.

예를 들어 수학학원에 다닐 경우, 학원에서 배우는 것이 한 번에 이해

공부가 쉬운 아이로 키워라

가 되지 않는다면 교재를 따로 구매해서 다시 복습한다. 공부의 기준이 학원이 아니라 자기만의 기준이 된다. 영어도 마찬가지다. 영어학원을 다니더라도 부족한 영역은 집에서 채운다. 영어책을 꾸준히 읽히거나 TED, 영자 신문읽기 등을 통해서 영어에 대한 감각을 끌어 올려 준다.

학원의 커리큘럼만을 따라가는 교육은 한계가 있다. 교육의 주도권을 타인에게 빼앗긴 꼴이 된다. 그래서 학원에 다니다가 슬럼프가 오면 방황한다. 하지만 학원이 옵션이면 아이의 공부가 흔들리지 않는다. 공부의 주도권은 학원이 아니라 우리 집에 있어야 한다는 걸 잊지 말자!

3) 학생이 갑이다

학원의 입장에서 학생은 고객이다. 학생이 있어야 학원이 유지된다. 그런데 유명하다는 그 학원에만 가면 엄마가 작아진다. 그 학원에 들어가기 위해 애쓰고 그 학원에서 레벨업을 하기 위해 애를 쓴다. 아이가 못하면 엄마 탓, 아이 탓이다. 아이가 성실하지 않은 탓이라고 한다. 하지만 애초에 그 시스템을 통과하는 것 자체가 바늘구멍이다. 아이 탓이 아니라 시스템이 원래 그런 것이다. 학원이 주는 대로 결과를 받지 말고 아이가 무엇이 부족한지, 어떤 점을 보완해야 하는지, 선생님과의 케미는 어떤지, 어떤 식으로 아이의 실력을 향상시켜 줄 건지 학원 선생님과 면밀한 상담을 하고 항상 피드백을 받아야 한다. 그렇지 않고 학원에 맡겨 놓고 잘하겠거니 하면 발전이 없다. 극소수의 아이들만 구멍을 통과할 뿐이다.

학생이 갑이라는 이야기는 갑질을 하라는 것이 절대 아니다. 학원의 상술에 고개 숙이지 말고 주체적으로 아이의 교육 서비스를 받아야 한다는 말이다. 정기적으로 학원에 전화해서 아이의 상태와 진행 상황을 편하게 상담해야 한다. 아이가 정말 공부를 잘하기를 바란다면 주는 대로 받지 말고 엄마가 공부 상황을 점검하고 학원 선생님과 소통해야 한다. 학원을 맹신하지 말고 내 아이를 맹신하라! 내 아이가 정답이다.

공부가 쉬운 아이로 키워라

학원을 가야 하는 시기는 각자의 집안 사정과 아이의 기질에 따라 다르지만 아이만 놓고 본다면 3가지 기준으로 살펴볼 수 있다.

1) 아이가 원할 때

우리 아이들은 엄마표로 공부하면서 되도록 공부하는 학원은 보내지 않았다. 하지만 둘째는 먼저 "엄마, 영어학원 가고 싶어요. 언제 보내 줄 거예요?" 하면서 나를 졸랐다. 그래서 학원을 보내 주기 시작했는데 본인이 가고 싶어 했기 때문에 즐겁게 잘 다녔다.

반대로 아들은 남들 다 다니는 논술학원 보내야지 하면서 보냈는데 아이가 싫어했고 결국 탈출 사건으로 학원을 끊었다. 아이가 원할 때 보내야 가장 탈이 적다.

2) 엄마랑 공부하면 싸울 때

엄마표로 공부를 하면 좋지만 아이와 성격이 안 맞는 경우도 있다. 아이가 엄마에게 너무 의지하거나 짜증을 낼 때도 있고 반대로 엄마가 피곤하거나 힘들 때 아이가 이해를 못하는 것에 대해서 화가 날 때도 있다. 이런 경험이 반복적으로 일어나면 학원에서 평온한 선생님과 공부하는 것이 관계에 좋다.

3) 공부의 전환이 필요할 때

공부하다 보면 슬럼프가 온다. 진도가 나가지 않고 매너리즘에 빠지기도 한다. 그때 학원을 통해서 공부 환경을 바꾸어 보는 것이 효과가 있을 때가 있다. 아이가 초등학교 고학년이 되어서는 친구들과 함께하는 분위기에 따라 공부하는 것도 있으므로 학원을 활용해 볼 수 있다.

1. 습관은 천천히 반복해서 들인다.

2. 책상에 앉아 공부하는 습관을 만든다.

3. 국·영·수 중심으로 매일 공부 루틴을 실천한다.

4. 공부하고 노는 시스템을 정착시킨다.

5. 학원을 이용할 경우, 주체적으로 활용한다.

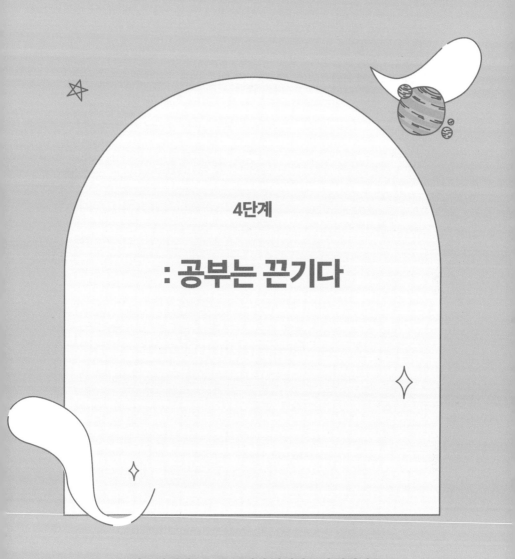

4단계

: 공부는 끈기다

"아르키메데스는 욕조에서 뛰쳐나오지 않았다."

- 제프 콜빈 -

달력을 모으는 엄마,
기록의 힘

세상의 모든 위대함은 끈기에서 나온다. 어릴 때 반짝 뛰어났던 친구가 크면 평범해지고 부족한 것 같았던 아이도 노력하면 비범해지는 것은 모두 끈기 때문이다. 공부가 습관이 되었다면 이제 끈기 있게 계속하기만 하면 된다. 끈기는 아이가 어릴수록 엄마의 끈기가 중요하고 아이가 클수록 아이의 끈기가 중요하다. 끈기의 시작은 엄마다.

어렸을 때 아이들의 공부를 기록하기 위해서 사용했던 것은 달력이었다. 연말이면 나누어주는 탁상달력을 치킨집 달력은 첫째 것, 피자집 달력은 둘째 것으로 하고 매일 공부를 기록했다. 달력에 기록하면 한 달 공부한 것이 한눈에 보여서 얼마나 꾸준히 했는지 알 수 있었다. 그래서 이때부터 빈칸을 채우기 위해 주말에도 공부하기 시작했다. 네모 칸에 수학 2장, 영어 집중 듣기 2권, 책 읽기 1권 이런 식으로 간단하게 기록을 했다.

기록을 하기 시작하니 달력을 채우기 위해서 더 공부를 챙기게 되었고, 매달 블로그에 기록을 하니 한 달 치를 더 지키려고 노력을 했다. 기록의 힘이 나를 이끌었다.

내가 일을 다시 하면서부터는 행사가 있거나 회식이 있는 날에 공부를 못한 날도 더러 있었다. 그런데도 한 달을 돌아보면 우리의 방향성은 매일 공부를 하려고 노력했었기 때문에 일주일에 하루 이틀이 빠져도 아이들의 공부 습관 형성에 큰 문제가 없었다. 중요한 것은 매일 하려고 하는 방향성이지 완벽한 공부 스케줄이 아니었다.

책장 위에 놓인 탁상달력은 가시적인 효과로 우리에게 할 일에 대한 압박과 실천의 힘을 주었다. 기록을 위해서 오늘 해야 할 공부를 함께했고 매일 기록하다 보니 한 달을 온전히 기록하고 싶은 마음이 생겼다. 그리고 한 달, 1년이 지나면 달력은 우리에게 뿌듯함과 성취감을 선사했다.

몇 년 동안 연말이면 달력을 받아서 다음 해에 두 아이 학습을 기록해

놓고 차곡차곡 모아 두었다. 그때는 하루하루에 충실했었는데 시간이

지나고 보니 그 노력의 순간들이 모여서 아이들 공부 습관이 끈기 있게

자리 잡게 되었다.

김연아 선수의 유명한 짤이 있다.

"무슨 생각하면서 운동하세요?"

"무슨 생각을 해. 그냥 하는 거지!"

공부도 마찬가지다. 공부 습관을 형성하고 공부에 대한 당위성을 갖추었다면 생각하지 말고 그냥 하면 된다. 귀찮음을 넘어서는 반복, 끈기가 위대함을 만든다.

공부가 쉬운 아이로 키워라

열심히 하는 데
실패하는 이유

아이와 함께 공부하는 여정은 초중고만 합쳐도 12년, 참 긴 시간이다. 사실 태어나는 순간부터 교육이 시작되니 엄밀하게 말하면 20년 이상의 기간 동안 공부를 한다고 해도 과언이 아니다. 공부는 단거리 달리기가 아니라 장장 20년간의 마라톤이다. 이 긴 시간 동안 슬럼프 없이 계속 공부하기란 정말 쉬운 일이 아니다. 하지만 많은 사람이 공부를 단거리 달리기처럼 너무 열심히 한다. 그러다가 지쳐서 마라톤을 완주하지 못한다. 아이들이 열심히 공부하는 데도 실패하는 이유다. 공부 잘하기는 엄마와 아이의 제대로 된 노력이 있어야만 가능한 일이다.

그래서 공부를 할 때는 마라톤이라는 생각으로 길게 보고 해야 꾸준히 할 수 있다. 아이의 발달 단계에 따라 완급조절을 하면서 공부해야 하는데 아이가 말을 잘 들을 때 과하게 공부를 시켜서 번아웃이 오거나 자립심, 반항심이 강해지는 사춘기에 공부를 내려놓는 일이 생긴다. 반대로 초등학교 시절에는 마음껏 놀리다가 고학년이 되면서부터 공부를 시키려고 하면 아이가 말을 듣지 않는다. 어릴 때 너무 놀거나 너무 열심히 공부한다. 공부에도 빈익빈 부익부 현상이 심해지고 있다.

특히, 요즘은 초등학생들이 너무 열심히 공부한다. 초등과잉 공부 시대다. 엄마들 사이에서 좋다고 소문난 학원은 보통 빡세고 힘든 곳으로 유명하다. 수학 학원이 5시간 동안 공부를 시키고 숙제를 다 해야만 보내 주는 시스템이거나 영어 학원 숙제가 어마어마하다. 초등학생들이 공부를 너무 많이 한다. 이런 공부 시스템은 사실 아이의 발달 단계와 맞지 않는다. 초등 단계는 아직 부모에게 의존적이기 때문에 엄마가 시키는 대로 공부를 하지만 열심히 한다고 공부를 잘하는 것이 아니다. 공부는 마라톤이라는 깨달음이 있어야 한다.

마라톤을 준비하는 것은 단거리 달리기와 다르다. 먼저 기초체력이 좋아야 하고 구간별 페이스 조절을 해야 한다. 초반, 중반, 결승점 도달 직전의 달리기 방법이 다르다. 공부도 마찬가지다. 기초체력이 좋아야 하고 처음부터 너무 열심히 달리면 금방 지쳐 쓰러진다. 페이스 조절을 잘해야 한다.

1) 공부 기초체력

공부에서 기초체력은 국·영·수다. 공부에서 가장 주요한 기본 과목이고 특히, 국·영·수는 단기간에 능력치를 올릴 수 없는 과목이기 때문이다. 국어를 잘한다고 수학을 잘하는 것이 아니고, 수학을 잘한다고 영어를 잘하는 것이 아닌 각 영역이 독립적이고 긴 시간을 투자해야만 탄탄해지는 과목이다. 그래서 항상 국·영·수를 기본으로 생각하면서 공부해야 공부 체력이 골고루 잘 길러진다.

국어 체력은 책 읽기다. 다른 것은 사실 필요 없다. 책 읽기만 잘해도 국어는 기초체력 완성이라고 할 수 있다. 책을 단계적으로 잘 읽으면 집중력, 이해력, 문해력, 사고력 등 모든 학습의 기본기가 마련된다. 그래서 책 읽기가 어떤 과목보다 제일 중요하다. 요즘은 초등학생부터 어휘 문제집, 독해문제집을 많이 푸는데 사실 그 시간에 책 읽기를 하는 게 백배 천배 낫다. 문제집은 핵심적인 내용만을 읽게 되어 긴 호흡의 글을 읽는 집중력이 생기지 못한다. 또한 문제만 풀어서 맞추면 끝이라는 인식 때문에 글을 대하는 마인드 자체가 다르다. 다양한 책을 읽으면 하나의 작품을 만나는 것이기 때문에 그것을 읽는 아이의 사고가 자라고 자신만의 흥미가 생기고 책 읽기의 가닥이 생긴다. 자신만의 책 읽기 취향을 찾고 그것을 따라가는 것은 공부의 끈기를 마련하는데 가장 좋은 기초체력이다. 나아가 좋아하는 책을 찾아 읽는 힘을 키웠다면 책의 분야를 좀 더 다양화하고 단계를 높여가는 책 읽기를 하면 좋다. 문제집은 책 읽기를 잘한 후에 해도 늦지 않다. 오히려 책 읽기를 잘하는 아이들은 문제집 또한 너무 쉽게 잘 풀어낸다.

영어 체력은 첫째, 영어 귀 트이기 둘째, 영어 읽기다. 영어 귀 트이기는 영어 체력의 시작이다. 앞서 말한 것처럼 어린 시절부터 영어 흘려듣기를 통해 영어를 우리말처럼 자연스럽게 받아들일 줄 아는 것이 영어를 쉽게 시작하는 가장 편한 방법이다. 영어 귀가 트이면 영어책 읽기도 쉬워진다. 한글을 배울 때 아는 말을 한글로 배우니까 아이들이 쉽게 배우는 것처럼 영어도 마찬가지다. 영어 읽기 또한 한글책처럼 리더스북, 챕터북의 단계를 꾸준히 올리면서 읽는다. 초등 시절에 미국 초등학생 5~6학년 수준까지 만들면 영어 기초체력은 완성이다. 우리말도 초등학교 5~6학년이 되면 사고가 성숙하고 성인 책에도 도전할 수 있는 것처럼 영어도 그 이후부터는 자신의 역량에 따라 얼마든지 수준 높은 영어 공부가 가능하다. 그 이후는 본인의 선택이다.

공부가 쉬운 아이로 키워라

수학 체력은 연산이다. 초등학교 때 잘 다져야 할 첫 번째 수학능력은 연산이다. 연산은 다양한 방법으로 훈련할 수 있다. 문제집, 학습지, 게임 등 자신에게 맞는 방법으로 하면 좋다. 연산은 단계적으로 진행되기 때문에 매일 1장이라도 꾸준히 하는 것이 중요하다. 열심히 하다가 안 하면 연산 능력이 역행하기 때문에 감각을 계속 유지해 주는 것이 좋다. 문제집을 풀 때 아이가 싫어한다면 한 장을 모두 풀지 않아도 된다. 80~90%만 아이가 풀고 엄마가 한 페이지당 1문제를 풀어 주거나 같이 풀기를 해도 된다. 아이는 조금만 형식을 바꾸어 주어도 공부를 꾸준히 할 수 있다. 매일 100%를 채워서 일주일밖에 하지 못하는 것보다 80%를 1년 동안 하는 것이 훨씬 낫다. 잊지 말자! 공부는 마라톤이다.

2) 페이스 조절

마라톤은 처음부터 끝까지 열심히 달리는 경기가 아니다. 초반에 치고 나간 선수가 마지막 결승까지 1등을 유지하기란 정말 어렵다. 그만큼 페이스 조절이 중요하다. 공부도 초반, 중반, 결승점 도달 직전의 공부 페이스가 달라야 한다. 공부에서 초반은 초등까지의 시기고, 중반은 중등, 결승은 고등이라고 할 수 있다. 초등시기에는 웜업을 하고 무리하지 않으면서 장거리 달리기에 대비해야 한다. 초등시기에 무리하게 공부하면 번아웃이 와서 빨리 힘이 빠진다. 중등 시기에는 다가올 위기를 잘 극복해야 하고 안정된 공부를 해야 한다. 한번 무너지고 쓰러지면 다시 돌아오기가 힘들고 돌아온다고 해도 따라잡기가 쉽지 않기 때문에 부상을 조심해야 한다. 고등시기는 결승점을 대비하는 시기다. 자신이 가진 능력을 발휘해서 힘껏 달려야 한다. 이제까지 기초체력을 잘 다지고 큰 슬럼프 없이 초반, 중반을 잘 달려왔다면 결승점에서 막판 스퍼트를 내고 좋은 결과를 얻을 수 있다.

공부라는 마라톤에서 엄마의 역할은 페이스메이커다. 아이가 무리하고 있지 않은지, 너무 쉬고 있는 건 아닌지, 힘들어하지는 않는지, 체력은 괜찮은지, 끝까지 달릴 수 있는지 페이스를 체크하고 조절해 줘야 한다. 그래야 20년의 공부라는 긴 마라톤을 안정되게 완주할 수 있다.

우리 집
공부 그릇을 키워라

공부에도 그릇이 있다. 공부라는 운이 와도 담을 그릇이 없다면 그 운이 날아가고 그릇이 잘 준비되어 있다면 공부라는 운이 내 그릇에 온전히 담겨 나를 성장시킨다. 공부 그릇은 모양이 특이하다. 커지기만 하는게 아니라 길어진다. 끈기를 담아야 하기 때문이다. 공부 그릇이 길어지면 아이가 공부를 꾸준히 잘한다. 공부 그릇은 아이 혼자 만드는 것이 아니라, 엄마가 함께 만든다.

공부 그릇을 키우려면 공부 그릇이 큰 사람을 따라 하면 된다. 아이를 잘 키운 사람, 공부를 잘한 사람들을 보고 배우는 것이다. 그들의 공부 지혜를 보고 따라 하다 보면 어느새 우리도 그런 공부 그릇을 갖게 된다. 주변에 아이를 잘 키운 엄마가 있다면 질투하거나 시기하지 말고 어떻게 그렇게 잘하는지 배워야 한다. 그래야 우리 집 공부 그릇이 커진다.

고등학교 때 모의고사 성적이 갑자기 오른 적이 있었다. 담임선생님이 나를 불렀다. 어떻게 갑자기 성적이 그렇게 올랐냐며 열심히 하라고 격려해 주셨다. 기분이 좋았다. 그런데 오히려 집에서는 아무런 반응이 없었다. 먹고 살기에 바쁜 부모님은 내 성적에 큰 관심이 없었다. 그렇게 공부 운이 나에게 왔지만, 우리의 공부 그릇은 그것을 담을 수 없었다. 다음 모의고사에 성적은 다시 제자리로 돌아왔다.

공부를 꾸준히 잘하는 집은 공부에 대한 태도가 다르다.

1) 함께 공부한다

공부를 잘하는 집은 부모가 아이와 함께 공부한다. 아이와 함께 도서관을 가고 책을 읽고 아이와 함께 카페에 가서 공부한다. 함께 공부하니까 공부하는 분위기가 자연스럽게 형성되고 학생이 공부하는 것이 당연시된다.

아이가 공부할 때 부모가 스마트폰을 보거나 TV를 켜지 않는다. 아이가 모르는 것이 있으면 같이 공부하고 알려 주려고 노력한다. 직접 알려주고 가르쳐 주는 부모님도 있지만 그런 능력이 안 되면 선생님과 소통하거나 인터넷 강의, 앱 등 다양한 경로를 통해서 도와주려고 애를 쓴다.

2) 공부하는 사람을 우대한다

공부 그릇이 큰 집은 공부하는 사람을 우대해 준다. 공부를 잘하면 온 집안이 기뻐하고 인정해 준다. 긍정적 강화가 된다. 아이가 공부하고 있을 때는 아이를 배려해 준다. 학군지에서는 시험 기간이면 아빠들이 술을 마시지 않고 거리가 조용해지는 것과 같은 이치이다. 집안에서도 공부하는 아이를 위해 방해되는 행동을 되도록 삼간다.

어느 날 서울대 엄마 인터뷰에서 자신만의 비결은 아이 시험 기간에 발 마사지를 해 주었다는 영상을 본 적이 있다. 공부하는 아이의 스트레스를 완화해 주기 위해 시작했는데 아이가 좋아했다는 것이었다. 그걸 보고 나도 시험 기간에는 아이 발 마사지를 해 주면서 공부하느라 수고한 아이를 달래 주었다. 그랬더니 아이가 정말 좋아했다. 잠자리에 들기 전 그날의 힘듦이 발 마사지로 풀리고 그러면서 아이와 더 돈독한 관계도 유지할 수 있었다.

헝그리정신으로 공부한다는 건 옛말이다. 부모를 위해 공부하는 효자도 라떼 이야기다. 아이가 공부를 꾸준히 잘하기를 바란다면 공부하는 것에 대한 긍정적인 강화가 있어야 한다.

3) 정보력을 키운다

12년의 초중고 기간 동안 공부를 계속 꾸준히 잘하려면 뒤로 갈수록 엄마의 정보력이 중요해진다. 특히, 고입과 대입의 입시에서는 아이 혼자만의 실력으로는 완벽하게 준비하기가 힘든 것이 사실이다. 이 정보력은 어떤 학원이 좋고 어떤 커리를 타야 하고 이런 것이 아니다. 소수만을 위한 정보도 아니다. 엄마가 부지런히 꾸준히 검색하고 찾으면 얼마든지 쌓을 수 있는 정보다.

엄마들의 카더라가 아니라 스스로 검색하여 쌓는 지식이다. 객관적인 정보들을 쌓다 보면 교육 내공이 깊어지고 주변 엄마들의 말에 흔들리지 않을 수 있다. 진짜 고수는 이렇게 스스로 정보를 쌓는 사람들이고 내 아이를 제대로 파악해서 내 아이에게 맞는 방법을 찾는 사람이다. 학군지가 아니라서, 주변에 정보력 있는 엄마들이 없어서라는 핑계를 대지 않는다.

공부가 쉬운 아이로 키워라

사실 같은 학년 엄마들은 진짜 중요한 정보는 알려 주지 않는다. 알게 모르게 서로 경쟁자가 되기 때문에 조심스러워지기 때문이다. 오히려 주변에서 도움이 되는 사람은 내 아이보다 나이가 많은 아이를 키우는 선배 맘이다. 또한 주변 사람보다 요즘에는 맘카페, 블로그, 인스타 등 얼굴을 모르는 타인이 더 자세히 알려주는 경우도 많다.

환경을 탓하지 말고 지금부터 책, 인터넷, 유튜브 등 교육정보를 하루에 1개씩 찾아보면 나도 모르게 지식이 쌓이고 정보가 생긴다. 교육정보에 눈이 뜨이면 길이 보인다.

4) 겸손하다

참 희한하게도 선생님들은 한결같이 말한다. 공부 잘하고 인성 좋은 아이들은 부모님도 그러하다고. 어째서 공부를 잘하는 아이들의 부모님들은 겸손하신 걸까? 이 겸손은 어디에서 오는 걸까? 나는 노력에서 온다고 생각한다. 매일 매일 반복되는 무던한 노력이 사람을 겸손하게 만든다.

5학년 담임을 할 때 우리 반에 정말 완벽해 보이는 친구가 있었다. 공부는 물론, 친구들에게도 친절하고 배려하는 모습을 갖추고 있어서 선생님뿐만 아니라 친구들도 인정하는 아이였다. 뜨거운 여름방학 때 업무가 있어서 출근하여 일 처리를 하고 있었다. 그때 우연히 그 아이와 어머니를 만났다. 매일매일 학교 도서관에 와서 책을 읽고 공부를 하고 있었다. 보이지 않는 노력과 꾸준함이 위대한 아이를 만들고 있었다.

노력을 통해 얻은 것에는 감사할 줄 안다. 쉽게 번 돈과 힘들여 번 돈이 다른 것과 같은 이치다. 감사할 줄 아는 마음은 겸손으로 이어진다. 그래서 꾸준히 노력해서 공부 잘하는 아이들이 겸손할 수 있다.

아이가 어떻게 하면 공부를 쉽게 잘할 수 있을까를 고민하면서 위기가 올 때마다 생각하는 것이 있다. 만약 내가 서울대 엄마라면 어떻게 했을까? 미래를 통해서 현재를 바라보면 내가 어떻게 해야 하는지 길이 보일 때가 있다.

평소의 다혈질 경상도 여자인 나라면 아이를 닦달하고 혼냈을 건데 내가 아이를 잘 키운 엄마라고 생각하면 나의 행동이 좀 더 우아해진다. 아이를 혼내기 전에 아이가 왜 힘들어할까 한번 더 생각해 본다. 그 생각을 하는 동안 평정심을 찾게 되고 그것만으로도 사실 아이와의 대립이 현저히 줄어든다.

공부 위기를 바라보는 자세도 달라진다. 지금의 위기가 성공을 위해 거쳐야 하는 과정이라는 생각을 하게 되면 현재의 위기가 어렵게만 느껴지지 않고 아이의 마음을 볼 줄 아는 따뜻한 시선이 생긴다. 이것은 우리가 함께 극복할 과제고 나는 그것을 지혜롭게 극복할 엄마가 된다.

엉덩이 힘으로
공부 수준 높이기

공부할 때 학년이 올라가면서 중요한 것은 엉덩이 힘이다. 머리로 반짝 공부하는 것은 어릴 때는 가능하지만 학년이 올라갈수록 힘을 잃는다. 결국은 성실함과 끈기가 공부의 성과를 결정짓는다. 즉, 엉덩이의 힘을 길러야 한다.

엉덩이 힘은 공부 시간과도 같은 의미다. 하루 공부량을 채우는 공부를 하면 엉덩이 힘이 커진다. 공부량 늘리기는 공부 습관이 형성된 후에 해야 한다. 초등 저학년 때 무리하게 공부 시간을 늘리거나 공부 습관이 안 잡힌 고학년 학생에게 이제 공부할 때가 되었다며 긴 시간 공부를 시키면 부작용이 생길 수 있다. 그러므로 공부 습관을 잡은 후에 공부 시간을 점차 늘려가야 한다는 것을 명심해야 한다.

공부가 쉬운 아이로 키워라

엉덩이 힘은 아이의 기질마다 다르다. 한자리에 앉아서 오랫동안 공부를 하는 아이가 있고 조금 공부하다가 화장실도 가고 물도 마시러 나오는 아이가 있다. 오랫동안 공부하는 아이는 보통 욕심이 있고 알아서 공부를 잘하는 아이다. 엄마가 격려해 주고 필요한 도움만 잘 주면 아이가 자기 할 일을 해낸다. 반대로 공부만 하면 엉덩이가 들썩이는 아이는 엄마의 관리가 좀 더 필요하다. 이런 아이들의 경우 여러 번 끊어서 20분 공부하고 10분 쉬기, 40분 공부하고 20분 쉬기 이런 식으로 공부를 진행해야 한다. 무조건 아이에게 2~3시간 앉아서 공부하는 것을 강요하면 안 된다. 아이의 기질을 꼭 살펴보고 그에 맞는 방법으로 가야 꾸준히 공부하는 것이 가능하다. 하루 중 공부에 할애해야 하는 시간이 5시간이라고 할 때 5시간을 한꺼번에 할 수도 있겠지만 1시간 단위로 쪼개서 할 수도 있고 30분 단위로 쪼개서 할 수도 있다. 무조건 한꺼번에 채우려고 하면 애 잡는 시간만 길어진다. 아이를 객관적으로 바라보고 현실적으로 생각하자!

공부 시간 늘리기에 도움을 주는 방법은 여러 가지가 있다.

1) 스톱워치 활용하기

엉덩이가 가벼운 친구들은 10분도 30분처럼 느끼기 때문에 자꾸만 공부하면서 시간을 물어본다. 정확한 시간에 대한 인식이 필요하다. 체감하는 시간과 실제 시간에 대한 감을 똑바로 가져야 한다. 이때 스톱워치를 활용한다. 공부 시간을 30분으로 설정해 놓고 알람이 울릴 때까지 공부한다. 중간에 시간을 물어보는 행위는 하지 않도록 약속한다. 굳이 스톱워치를 구매하는 이유는 스마트폰을 사용하면 다른 유혹이 생기기 때문이다. 공부할 때는 휴대폰을 제출하는 것은 철칙이다. 이것을 반복적으로 하다 보면 어느 날 30분이 익숙해지고 그 이후에는 아이와 협의하여 시간을 늘릴 수 있다.

2) 공부 시간 기록하기

한 회의 시간도 중요하지만, 오늘 하루의 공부량도 중요하다. 하루에 국·영·수를 골고루 하되 어떠한 과목에 몇 시간 투자했고 전체 공부 시간은 어떻게 되는지에 대해 기록을 해야 한다. 기록을 하고 확인을 하는 과정에서 자신의 공부에 대한 메타인지가 생기기 때문이다. 내가 얼

공부가 쉬운 아이로 키워라

만큼 공부하는지 정확하게 알아야 나에 대한 객관적 파악이 가능하다. 특히, 학원 숙제하고 공부를 많이 했다고 하는 친구들, 조금 공부하고 많이 했다고 우기는 친구들에게 공부 시간 기록하기는 큰 의미가 있다.

하루에 공부한 시간을 기록해 보면 내가 무엇을 중점적으로 공부하는지, 한 번에 얼만큼 공부하는지, 하루의 공부량은 얼만큼인지 바로 알 수 있다. 이때, 공부 시간은 자신이 혼자 한 공부 시간을 기록하는 것이지 학원에서 수업을 듣는 것은 포함하지 않는다. 요즘 아이들은 학원을 많이 다니기 때문에 학원에서 공부했다고 생각하는데 본격적인 공부는 집에서 혼자 하는 공부다. 꼭 혼자서 공부한 시간만을 기록하자.

1. 공부한 것을 매일 기록하며 꾸준히 한다.

2. 한글책, 영어책, 연산은 공부 기초체력이다.

3. 공부량을 체크하면서 조금씩 늘린다.

4. 아이가 공부할 때 같이 공부한다.

5. 공부를 잘할 수 있는 환경을 만든다.

5단계

: 공부는 감정이다

"중요한 것은 사랑하고, 감동하고, 전율하며 사는 것이다."

- 오귀스트 로댕 -

사춘기 공부의 힘,
친구 살피기

공부는 감정이다. 공부의 원리에서도 말했듯이 공부를 하고 싶어 하는 마음은 공부를 잘하게 만드는 중요한 요소다. 그런데 왜 공부가 감정이라는 것이 1단계가 아니라 5단계일까? 그것은 사춘기와 관련이 있다.

초등학교 시기까지는 아이들이 아직 의존성이 강하기 때문에 엄마 말을 잘 듣는다. 그래서 본인의 감정보다는 엄마의 감정에 의해서 공부할 수 있다. 엄마가 해야 한다고 하면 작은 실랑이가 있을지라도 결국 아이들이 학원을 가고 공부를 한다. 그러나 이런 엄마의 강요가 통하지 않는 것이 바로 사춘기다.

'사춘기에는 그동안 당연히 하던 일들에 대해서 왜?'라는 질문이 생긴다. 내가 무언가를 할 때 스스로 납득이 되어야 거부감 없이 할 수 있다. 엄마가 시켜서 참으면서 했던 공부라면 이제 지긋지긋하고 반항하고 싶고 내가 원하는 대로 하고 싶은 마음이 생긴다. 이처럼 사춘기에는 호르몬의 변화로 권위에 대한 도전이 커지면서 아이의 반항이 더욱더 강하게 표출된다. 감정의 기복이 심해지면서 반항은 과격해지기도 하며 엄마는 아이의 갑작스러운 변화를 받아들이기가 힘들어진다. 이런 이유로 사춘기에는 공부 슬럼프가 오는 아이들이 많다. 그래서 사춘기에는 공부량이 줄더라도 꾸준히 하는 것만으로도 선방한 것으로 생각해야 한다.

사춘기에 슬럼프를 겪지 않고 공부를 꾸준히 하려면 아이의 감정을 잘 활용해야 한다. 사춘기의 가장 큰 2가지 특징은 자립심과 또래 집단 문화다. 이러한 사춘기의 특징을 잘 활용하면 공부에 대한 감정을 긍정적으로 이끌 수 있다. 큰 공부 위기를 겪지 않고 지속적인 공부가 가능하다.

1) 자립심이 커진다

자립심이 커진 아이는 이제 더 이상 엄마의 간섭으로 공부를 하고 싶지 않다. 엄마는 아직 아이가 미덥지 않고 걱정이 되어서 도와주고 싶지만 아이는 거부한다.

공부가 쉬운 아이로 키워라

"제가 알아서 할게요."

칼 차단 당하는 엄마는 못내 아쉽기만 하다. 알아서 한다고 해 놓고 제대로 못한 아이를 보면.

"거봐라~ 네가 한다고 해 놓고 이게 뭐냐? 그럴 줄 알았다!"

하면서 아이의 자존심을 꺾는 말을 하게 되고 결국 사춘기 전쟁을 치르게 된다.

그러나 아이와 대립하다 보면 감정적 소모를 하게 되어서 아이가 공부에 감정을 쏟을 여력이 없어진다. 아이와의 부정적인 감정은 최소한으로 줄이려고 노력해야 한다. 그러기 위해서는 아이를 이해하고 믿어 주어야 한다.

일단 아이가 혼자 하겠다고 하면 아이를 믿어 준다. 엄마 눈에 부족하더라도 믿어 주어야 한다. 처음부터 잘하는 아이는 없고 누구나 실패를 통해서 배우기 때문이다. 결혼하고 처음으로 내 살림이라는 것이 생겼을 때 장을 보고 요리하던 경험을 떠올려 보자. 처음에 우리는 서툴렀고

된장찌개 하나를 끓이는 데도 설명서를 보고 또 보았고 자신이 없었지만, 이제는 주부만렙이 되어서 된장찌개는 눈감고도 끓일 줄 안다. 누구나 버벅거리는 시간이 필요하다. 자기만의 버벅대는 시간을 통해서 다음 단계로 넘어갈 수 있다.

아이를 믿어 주고 나면 결과가 좋을 수도 있고 안 좋을 수도 있다. 결과가 좋으면야 너무 좋겠지만 안 좋은 경우는 아이와 대화해야 한다. 이때 아이 탓을 하거나 감정을 건드리면 도루묵이 될 수 있다. 사춘기 아이와의 대화는 신중해야 한다. 아이에게 이 결과에 대한 이유가 무엇인지 물어보고 다음에 어떻게 해야 하는 것이 좋을지에 대한 객관적인 대화를 해야 한다. 특히, 순간 엄마의 감정이 섞여서 아이 탓을 하거나 화를 내거나 슬퍼하면 안 된다. 어쨌거나 가장 속상한 건 아이 자신이다.

공부에 집중을 잘하지 못한다면 이유를 파악하고 스마트폰이라면 공부할 때 스마트폰을 거실에 두고 공부하기, 게임이라면 시험 2주 전에는 게임을 하지 않기 등의 방법을 합의해서 실천해 본다. 집에서 공부가 안되는 아이라면 도서관이나 스터디 카페에서 공부하는 시도를 해 보고 반대로 스터디 카페에서 하는 공부가 사실 친구들과 어울리며 노는 것

공부가 쉬운 아이로 키워라

이 반이었다면 다음에는 친구가 없는 스터디 카페를 가거나 집에서 공부하는 것으로 방법을 바꾸어야 한다.

아이와 이런 대화가 가능하게 하려면 엄마가 절대 감정적이면 안 된다. 감정적이면 아이의 감정을 건드리기 쉽다. 아이들은 엄마의 목소리 톤에 민감하다. 흥분하지 않고 차분하게 이야기하는 것만으로도 의외로 아이들이 엄마 말을 듣는다. 팩트를 두고 전략을 논하는 코치가 되어야 한다. 하지만 아이가 잘했을 때는 마음을 다해 기뻐하고 칭찬해 주어야 한다.

2) 또래 집단문화가 중요해진다

사춘기의 큰 변화 중 하나가 친구를 가장 소중히 생각한다는 것이다. 어른들의 말은 라떼, 꼰대라고 생각하고 친구들의 유행, 사고방식 등이 더 우월하다고 여긴다. 친구들과 어울리며 같은 문화를 공유하면서 소통하는 것을 통해 소속감을 느낀다. 그래서 친구들 사이에서 유행하는 옷, 신발 등을 따라 하면서 동질감을 가진다.

이때 엄마는 친구들 관계를 주의 깊게 살펴봐야 한다. 사춘기 때는 또래 집단의 힘이 막강하므로 어떤 친구들과 어울리는지가 아이의 공부와 생활 습관에 큰 영향을 미치기 때문이다. 어떤 한 친구에 의해서 아이의 생활은 확 바뀌기도 하고 때로는 상처를 받기도 한다. 또래의 영향이 큰 시기이기 때문에 상처를 입었다면 그만큼 상처를 회복하기도 굉장히 힘들다.

사춘기에는 공부하는 분위기를 따라가면 좋다. 그 분위기에서 나도 소속감을 느끼기 위해 아이도 공부하려고 노력한다. 공부를 잘해야 인정받고 내 친구가 공부를 잘하는 친구들이면 나도 그렇게 행동하려고 한다.

첫째가 여름방학 때 갑자기 학원 특강을 듣겠다고 했다. 학원 특강은 우리의 계획이 아니었기 때문에 아이에게 정말 그것을 할 것이냐고 몇 번을 물어보고 확인했다. 아이는 그만 물으라며 특강을 들을 것이라고 했다. 알고 보니 친한 친구가 특강을 들어서 같이 듣는다고 한 것이었다. 엄마가 하라고 시켰다면 하지 않았을 수도 있는데 친구의 힘으로 특강을 듣게 되었다. 힘들 때는 가기 싫어한 적도 있었지만 투정하면서도 한 번도 빠지지 않고 특강을 마무리한 것은 매일 오는 친구 때문이었다.

공부가 쉬운 아이로 키워라

사춘기에는 엄마의 잔소리보다는 친구, 선생님의 말씀을 더 잘 듣는 시기다. 학교 또는 학원에서 비슷한 친구들과 어울리며 공부할 수 있도록 지원해 주고 선생님과 소통하면서 아이의 생활을 면밀하게 관찰하면 아이는 공부를 꾸준히 하려는 영속성을 가진다.

괴물 공부 vs 올바른 공부

첫째가 6학년 때 충격을 받는 사건이 있었다. 수학학원에서 공부를 잘하는 친구 중에 답지를 베끼는 친구가 있었다. 그 아이는 서점에서 문제집 한 권을 더 사서 답지를 가지고 다녔다. 학원에서 공부하면서 문제를 스스로 풀어야 할 시간이 되면 선생님께 다른 교실에서 풀고 오겠다고 하곤 그곳에서 답지를 베껴서 적곤 했다. 아이의 수법은 점점 대담해져서 선생님이 자리를 비울 때 교실에서 베끼기도 했다. 그 외에도 아이는 가끔 다른 아이의 가방을 뒤지기도 했다. 어떠한 이유였는지 모르겠지만 아이의 도덕성에 금이 가고 있었다. 학원 선생님은 이 아이의 부모님께 이러한 사실을 알렸고 부모님과 이야기가 잘 마무리되지 않아 결국 아이는 이 학원을 나가게 되었다.

나는 블로그를 하고 있었기 때문에 이러한 이야기를 주제로 올바른

공부가 쉬운 아이로 키워라

공부가 중요하다는 글을 썼다. 그런데 댓글의 반응들이 충격적이었다. 아이들이 힘든 공부를 하면 답지를 베낄 수도 있지 그 아이를 나무라고 학원에서 나가게 한 학원 선생님이 잘못했다고 이야기했다. 순간 머리를 크게 한 대 맞은 것 같았다. 내가 잘못 생각하고 있는 건가? 가치관의 혼란이 왔다.

〈스카이캐슬〉 드라마에 그런 장면이 나온다. 늦게까지 학원에 다니는 아이들이 스트레스를 해소하기 위해 편의점에서 물건을 훔친다. 물론, 잘 사는 아이들이다. 편의점주는 그것을 방조한다. 엄마는 CCTV를 지우고 편의점주에게 돈을 지급하면서 아이들의 절도를 은폐한다. 공부를 위해서 아이들의 도덕성이 희생된다.

스카이캐슬은 드라마 속에서만 존재하는 것이 아니었다. 믿기 어렵겠지만 우리 현실 속에서도 존재한다. 공부와 성적이 중요하다고, 늦게까지 공부하는 아이들이 불쌍하다고, 잘못한 일이 잘못이 되지 않고 그럴 수도 있는 것으로 치부된다. 이렇게 아이들의 도덕성에 금이 가고 아이들이 괴물이 된다.

괴물은 어른들이 만든다. 당장의 시험점수를 중요시하면서 아이를 공부의 결과로 보는 시선이 아이들의 마음을 망가뜨린다. 따라가기 힘든 공부를 하다 보니 자기 능력으로 해결이 안 되기에 답지를 베낀다. 버거운 공부를 하다 보니 스트레스가 쌓이고 일탈행동을 하면서 도덕성에 금이 간다. 물론, 누구나 실수는 할 수 있다. 중요한 것은 이런 행동을 대하는 부모의 태도이다. 실수와 잘못은 구분되어야 한다. 아이를 이해한다는 마음으로 넘어가 주는 것은 잘못된 사랑이며 결국 공부 잘하는 괴물이 만들어진다. 아이의 잘못을 잘못으로 분명히 짚어 주고 올바른 길에서 공부를 할 수 있도록 해 주어야 하는 것이 진짜 어른의 역할이다.

지금은 답답해 보일지라도 올바른 공부는 결국 이긴다. 스스로 고민하고 해결하는 시간이 아이의 사고력을 키우고 공부 내공을 키운다. 요령을 피우지 않고 올바른 공부를 하는 아이들은 앞으로 더 어려운 위기가 와도 그것을 견뎌내는 힘이 생긴다. 공부는 결국 그것을 올바르게 바라보고 제대로 하는 사람들에게 공이 돌아가기 마련이다.

사춘기에는 공부를 잘하든 못하든 많은 아이가 갑자기 일탈행동을 하고 가치관의 혼란에 시달린다. 또래 친구들이 변하는 모습을 보면서 그 모습을 따라 하는 아이도 있고 친구를 이해하지만 나는 그렇게 하지 않는 아이들도 있다. 아이들은 크면서 올바르다고 배운 흰색 지대와 일탈이 행해지는 검은색 지대의 중간인 회색 지대에 놓이게 된다. 회색 지대에서 어떤 방향으로 행동하는지는 아이의 선택이다. 그 선택의 차이는 아이의 마음에서 나온다. 아이의 마음이 사랑으로 차 있고, 안정되어 있으면 큰 일탈을 하지 않으려고 하고 올바른 선택을 한다. 결국 그 선택을 도와주는 것은 부모의 올바른 사랑이다.

도와준다는 것은 직접적인 충고나 조언이 아니다. 아이와 끊임없이 소통하면서 아이와 사랑을 공유하는 것이다. 공부를 잘하는 것도 중요하지만 그것보다 더욱 중요한 것은 아이를 있는 그대로 사랑하는 마음이라는 것을 아이가 느낄 수 있도록 해 주는 것이다. 내 아이로 태어나 줘서 고마운 존재, 내 아이여서 사랑할 수밖에 없는 존재라는 것을 아이가 느낀다면 사춘기가 되어도 심한 일탈행동을 하지 않는다.

올바른 공부는 막강한 힘을 가진다. 다음 단계에서 말하겠지만 공부란 결국 나의 노력이 세상의 운과 맞닿아야 하는데 올바른 공부는 그 운을 불러일으킨다. 올바른 공부를 하는 아이를 선생님이 인정하고 친구들이 인정하면서 자존감이 높아지고 점점 스스로 확신이 생긴다. 올바른 공부를 하면 노력의 힘이 커지기 때문에 그만큼 결과에 감사하고 겸손해질 수밖에 없다. 공부의 선순환이 생기고 위기에 빠지지 않는 강한 공부의 힘이 생긴다.

올바른 공부는 결국 이긴다!

공부가 쉬운 아이로 키워라

완벽주의가
감정을 망친다

공부의 감정을 다루는 것은 딱 2가지다. 공부를 싫어하는 마음이 들지 않게 하는 것, 공부하고 싶은 마음이 들도록 하는 것이다.

1) 공부를 싫어하는 마음이 들지 않게 하기

아이들이 공부를 싫어하는 마음이 드는 이유는 공부의 단계를 무시한 공부를 강요했기 때문이다. 공부를 재미있게 느껴 보지 않았는데 숙제로 매일 공부를 강요받으면 공부에 대한 인식 자체가 부정적으로 된다. 공부가 아직 습관이 되지 않았는데 장시간 공부를 강요받으면 공부에 질리게 되고 도망가버린다. 이처럼 공부 단계에 맞지 않는 공부를 강요하면 아이가 공부를 싫어한다.

공부 단계 외에 또 하나의 이유는 부모의 완벽주의다. 완벽하게 끝내야 한다는 생각이 아이들이 공부하기 싫어하는 마음이 들게 한다.

아이가 초등 저학년까지는 연산 문제집을 매일 풀었다. 매일 문제집으로 공부를 하다 보니 어느 순간 아이가 하기 싫어했다. 연산을 매일 하기는 해야 하는데 아이가 싫어하니 머리를 조금 썼다.

"그러면 엄마랑 같이 풀자. 네가 1쪽 풀 때마다 엄마가 1문제 풀어 줄게!"

"어, 좋아!"

아이가 바로 승낙했다. 아이는 이렇게 연산을 쉬지 않고 계속 연습할 수 있었다.

아이에게 이것은 네 공부고 이것은 네가 다해야 하는 것이라고 했으면 아이와 하느니 마느니 실랑이를 하면서 시간과 감정을 소모했을 것이다. 100%를 강요했다면 7일밖에 못할 것을 90%를 하면서 한 달, 두 달, 1년을 할 수 있었다.

과목마다 공부의 성격이 다르지만 아이가 공부에 질리지 않게 하는 것은 공부를 쉽게 생각하고 길게 할 수 있도록 만드는 중요한 감정이다. 아이가 공부를 하기 싫어한다면 공부에 좀 더 쉽게 접근할 수 있도록 허들을 낮추고 방법을 다양하게 제공해 주는 등의 노력이 필요하다.

2) 공부를 하고 싶은 마음이 들게 하기

공부하고 싶은 마음이 들게 하는 방법은 긍정적인 느낌으로 가야 한다. 공부를 쉽게 잘하게 하고 싶다면 공부에 대한 긍정적인 경험을 통해 다시 하고 싶게 만들어야 한다.

칭찬과 보상

"칭찬은 고래도 춤추게 한다."라고 했다. 고래도 춤추게 하는데 똑똑한 아이들은 당연하다. 어릴 때일수록 부모의 칭찬은 큰 힘을 발휘한다. 아이에게 오늘 공부하고 노력한 점에 대해서 칭찬하고 아이가 이루어 낸 성과에 대해서 칭찬하면 아이는 공부에 대해 긍정적인 마음을 갖는다.

칭찬에 보상도 함께한다면 단기적인 공부 목표 도달에 도움이 된다.

시험을 준비하는 경우, 몰입된 공부가 필요한 경우, 힘든 공부를 해낸 경우에는 아이에게 적절한 보상을 함으로써 아이의 성취감을 올려 줄 수 있다.

첫째가 수학을 곧잘 따라와서 고등수학을 배우게 되었다. 그런데 생각보다 그 길이 쉽지 않았다. 중학 수학은 문제를 표면적으로 생각해서 푼다면 고등수학은 문제 그 너머에 있는 의도까지 파악해서 문제를 풀어내야 했다. 사고력이 매우 필요했다. 고등수학은 초등학생인 아이에게 어려운 도전이었고 어느 날은 문제가 풀리지 않아 울기도 했다. 그렇지만 결국 포기하지 않고 아이가 수학(상)을 끝냈다. 그때 아이와 파티를 했다. 케이크를 사서 축하해 주고 아이가 좋아하는 치킨을 시켜 주었다. 어려운 도전을 이루어 낸 아이에게 가족들이 함께

"축하해. 수고했어."

라고 말해 주고 기뻐해 주었다. 아이는 힘들었지만, 그것을 이겨낸 자신을 뿌듯해했고 그다음 단계에도 도전하고 싶다고 했다.
칭찬은 아이를 도전하게 한다!

공부가 쉬운 아이로 키워라

성취감

어린 아이들이 공부하기 싫어하는 경우가 있다. 이유는 여러 가지이지만 그것을 극복할 방법은 딱 하나다. 아이가 작은 성취감을 느낄 수 있도록 하는 것이다. 한글을 공부하기 싫어하는 아이도 아이가 좋아하는 공룡이나 게임, 캐릭터 등으로 시작하면 관심을 보이고 한글을 익히기 시작한다. 이때 아이의 성취를 칭찬하면 아이의 공부에 조금씩 힘이 생긴다. 중학생이 되어서도 마찬가지다. 아이가 5학년 때 보낸 과학 학원을 싫어해서 오래 다니지 못했다. 그 이후에 자신은 과학을 좋아하지 않고 잘못한다고 생각했다. 학원을 거부하니 집에서 인강을 들으며 혼자 과학 공부를 했다. 시험 때도 혼자서 공부했다. 그런데 과학이 어려웠던 시험에서 혼자서 공부해서 좋은 점수를 받았다. 그때부터 아이는 과학에 자신이 생겼고 재미있어졌다고 했다.

좋아해야 잘하는 것이 아니라 잘하면 좋아진다. 아이에게 너무 높은 과제를 제시해서 실패하는 것보다 아이가 도전할 수 있고 성취할 수 있는 만큼의 과제를 주면 긍정적인 성장을 할 수 있다.

긍정 확언

우리에게 어려운 과제가 주어졌을 때 인간은 가능성을 따져 본다. 내에너지를 쓸데없는 곳에 소비하고 싶지 않은 것은 본능이다. 그런데 이본능을 역행하는 사람들이 있다. 터무니없어 보이는 일에 도전하고 그것을 이루어 낸다. 그 사람들의 뒤에는 누군가가 있다. 바로 자신을 믿어 주고 희망을 이야기해 주는 친절하고 따뜻한 어른이다.

친절하고 따뜻한 어른은 부모님일 수도 있고 선생님일 수도 있고 친척일 수도 있고 지내면서 알게 된 다른 사람일 수도 있다. 친절하고 따뜻한 어른은 나의 가능성을 믿어 주는 사람이다.

누군가가 지속해서 나를 믿어 주고 나의 미래에 대해 긍정적인 확신을 준다면 나도 모르게 잘될 거라는 확신이 나의 무의식에 자리 잡는다. 확신이 생기면 가능성을 따지려는 마음이 줄어들고 용기 있게 도전하고자 하는 마음이 생긴다. 그래서 불가능해 보이는 일에도 도전을 할 수 있게 된다.

『물은 답을 알고 있다』라는 책에 유명한 실험이 나온다. 물에게 부정적인 말을 했을 때는 물 결정 모양이 찌그러지지만 긍정적인 말을 했을 때는 물의 결정 모양이 아름다운 모양으로 변한다. 이 외에 밥을 이용한

공부가 쉬운 아이로 키워라

실험에서도 마찬가지다. 부정적인 말을 들은 밥은 검게 썩어 간다. 긍정적인 말에는 힘이 있다. 그 힘이 한눈에 보이지 않지만, 가랑비에 옷 젖듯 쌓이고 쌓이면 우리 눈에 가시적인 영향력이 펼쳐진다.

아이에게 긍정 확언을 하는 부모가 되자. 다른 어떤 것보다 아이에게 값진 영향력을 펼칠 수 있다. 당장 눈에 보이지 않지만 아이의 미래는 부모의 말 한마디에 긍정적으로 변할 것이다.

상위권에서
극상위권으로 가는 길

상위권과 극상위권의 차이는 무엇일까? 바로 자기 의지다. 자기 의지로 공부하느냐 시켜서 공부하느냐의 차이가 상위권과 극상위권을 가르는 기준이 된다. 시켜서 하는 공부는 한계가 있지만 자기가 하고 싶어서 하는 공부는 한계가 없기 때문이다. 공부 방법, 학습 능력이 아니라 공부 감정의 차이다.

공부 감정은 어디에서 오는가? 앞서 말한 것처럼 공부에 대한 긍정적인 인식, 집안의 긍정 기운, 그리고 자기 의지다. 그런데 자기 의지라는 것이 정말 요상하다. 아무리 키워 주려고 애를 써도 안되는 것 같다. 말그대로 자기 의지인데 그걸 도대체 어떻게 키워 주란 말인가!!!

자, 여기서 정신을 다시 한번 잡고 가자!

공부가 쉬운 아이로 키워라

포기하지 않으면 성공한다!

되는 아이만 시킬 것 같았으면 공부육아 따위 하지도 않았다. 교육을
통해 아이를 올바르게 바꿀 수 있다는 믿음으로 여기까지 왔다. 이제는
가장 고난도인 아이의 의지를 시험할 때다.

먼저, 극상위권의 특징을 보자!

노력한다.

공부 자존심이 있다.

예민하지 않다.

공부 의지가 있다.

극상위권 아이들을 보면 이런 공통점이 있다. 아이들 스스로 내공이
강하다. 공부가 중력의 힘을 받는 것 같다. 특히, 시험을 보면 남들과 비
교하기보다 시험에서 1개 틀리면 자신이 노력한 결과에 대해 아쉬움이
가장 크다. 노력은 당연히 많이 한다. 그러나 그리 예민하지 않다.

재미있는 것은 극상위권의 공부 방법은 모두 다르다는 것이다. 학원
에서 열심히 공부하는 아이, 혼자서 공부하는 아이, 과외로 공부하는 아

이 등등 다양한 방식으로 공부를 한다. 어찌 보면 당연한 것일 수도 있다. 자기에게 필요한 것과 맞는 공부 방법을 찾아낸 결과일 테니까….

우리가 눈여겨봐야 할 것은 공부 의지다. 공부육아를 통해 상위권으로, 공부가 쉬운 아이로 자랐다면 어떻게 아이가 극상위권으로 갈 수 있을까의 문제이기 때문이다.

첫째는 어릴 때부터 욕심이 크게 없었다. 마트에 가서도 장난감을 갖고 싶다고 하면 매번 사줄 수 없어서 장난감 구경을 하고 오되 오늘은 사 줄 수 없으니 마음을 잘 정리하고 오라고 하면 5살짜리 아이가 장난감을 지긋이 쳐다보다가 마음 정리를 하고 왔다. 마트에서 울고불고 떼쓴 적이 없었다. 그러나 이런 특성이 학교에서는 아쉬운 부분이었다. 학교에서 무슨 대회를 해서 나가보라고 권유를 해도 나가는 법이 없었다. 엄마만 애가 탔다. 수학을 곧잘 해서 영재교육 시험도 치게 했는데 아이가 좋아하는 수학만 치고 과학은 제멋대로 풀었다. 엄마 욕심대로 끌고 갈 수 없었다.

반면 둘째는 첫째 때 엄마의 의지가 좌절된 경험이 있기 때문에 그렇게 욕심을 내지 않았다. '무엇이든 아이가 원해야 하는구나….'라고 생각

공부가 쉬운 아이로 키워라

하며 키웠다. 그런데 둘째는 항상 엄마에게 무언가를 먼저 요구했다. 영어 학원을 보내달라고 하고, 어디서 하든 캠프, 교육, 체험이라면 뭐든 좋아했다. 수학 공부를 할 때는 자기의 실력이 부족한 것 같으니 문제집을 사러 가자며 엄마 손을 이끌고 서점을 가기도 했다. 아이의 요구를 엄마가 다 맞춰 주기 버거울 정도였다. 그러니 욕심을 부리기보다 잘했다고 칭찬해 주고 실패하면 격려해 주는 것이 엄마가 할 수 있는 일이었다.

한 배에서 태어났지만 둘이 달라도 너무 달랐다. 공부 의지도 사실 어느 정도 타고 난다. 욕심이 많은 아이는 시키지 않아도 자기 공부를 끌고 나간다. 그러나 우리의 문제는 이런 의지형 아이가 아니지 않는가? 애초에 될놈될이었으면 교육이라는 것을 하지도 않았다. 나의 문제는 어떻게 아이의 의지에 추진력을 붙여 줄까였다.

스스로 공부 의지가 충만하지 않은 아이에게 중요한 것은 환경이다. 공부가 중요한 환경, 공부를 열심히 하는 환경, 공부 잘하는 친구들이 있는 환경. 그래서 분위기가 중요하다고 말한다. 그런데 이런 환경에 살지 못할 수도 있다. 그럴 때는 아이에게 공부를 통해 성공한 사람들, 역경을 이겨내고 공부를 잘 해낸 사람들에 관한 기사나 영상을 보여 주면서 아이를 조금씩 변화시켜야 한다. 예전에는 나의 수준은 내가 친한 사람 5명의 평균이라 했지만, 지금은 내가 보는 콘텐츠 5개의 평균이라고 한다. 그만큼 우리가 무엇을 보는지는 우리 의식에 가랑비 젖듯 스며든다. 아이가 싫어한다고 해서 포기하지 말고 아이와 대화를 나누려고 노력하고 좋은 사례를 보여 주면 아이의 공부 감정도 서서히 변한다.

항상 꿈도 없고 생각 없어 보이던 첫째가 어느 날 말했다. "나, ○○대 갈까?" 평소에 꿈 이야기만 하면 아직 모르겠다고, 생각 중이라고 하는 아이라서 내심 걱정이었는데 나도 모르게 아이의 생각이 조금씩 생기고 있었다. 역시 포기하지 않으면 된다. 아이는 아이대로의 생각을 만들어 가고 있었고 그 생각은 아이의 환경에서 자라나고 있었다. 이제 아이의 꿈을 응원해 주고 도와주는 것만이 남았다.

공부가 쉬운 아이로 키워라

1. 공부보다 인성이 먼저다.

2. 완벽주의가 공부를 싫어하게 만든다.

3. 칭찬, 성취감, 긍정적인 말로 공부를 하고 싶게 만든다.

4. 당장의 시험점수를 위한 공부보다 올바른 공부를 시킨다.

5. 결국 공부를 완성하는 건 자기 의지다.

6단계

: 공부는 운이다

"색즉시공 공즉시색(色卽是空 空卽是色)"
눈에 보이는 것은 실체가 없고, 보이지 않는 것은 실체가 있다

- 반야심경 -

실패를 통한
뼈아픈 깨달음

    대한민국 엄마에게 자식이란 무엇일까? 어떤 존재일까? 생각해 보면 대한민국 엄마들은 아이를 온전히 사심 없는 마음으로 사랑하기 힘든 안쓰러운 사람들이다. 자식이 나보다 잘되길 바라서 아이에게 많은 것을 해 주고 애쓰지만 노력하면 할수록 아이에게서 멀어지고 자식 키우는 법에 대한 뾰족한 답을 찾지 못한 채 그렇게 아이는 우리 곁을 떠나간다.

    우리의 사회적 분위기가 그렇다. 자식을 잘 키운 사람들을 추앙하고 반대로 자식이 잘못하면 부모가 고개를 조아린다. 입시가 서열화되어 있고 자식의 성공이 엄마의 성공으로 연결 지어지는 사회다. 뭔가 열심히 해야 할 것 같은데 가만히 있으면 뒤처지는 것 같고 불안하고 막연하게 두렵다. 그러나 이런 분위기 속에서도 대한민국 엄마들은 육아 책을 읽고 교육정보를 뒤진다. 대단한 사람들이다.

아이를 낳는 순간부터 한번도 후회하거나 불평한 적이 없었다. 그저 감사했고 잘해 보고 싶었다. 까꿍이 육아 시절부터 모든 엄마가 그렇듯 여자로서의 삶은 미뤄두고 엄마로 사는 삶에 충실했다. 내가 받지 못한 사랑을 아이에게 듬뿍 주면서 아이에게서도 온전한 사랑을 받았다. 사실 아이를 키우는 것은 사랑이 부족했던 나의 사랑을 채우는 일이었다. 아이는 배신하지 않았다. 내가 주는 것보다 더 많은 사랑을 나에게 주면서 나에게 매달렸다.

다행히 자상한 남편을 만나서 아빠는 아이들에게도 참 자상했다. 아이들의 마음을 읽어 주고 함께 놀아주니 아이들이 아빠를 많이 따랐다. 그런 모습은 나에게 정말 힐링이었다. 내가 받아 보지 못한 사랑을 우리 아이들이 받는 모습을 보면서 내 마음이 치유되는 느낌이었다. 내가 만든 가족은 나에게 힐링이었고 내 과거이자 현재이자 미래였다. 나의 상처를 회복하는 시간이었고 회복을 넘어 더 힘차게 나아가고픈 나의 간절한 소망이었다. 그래서 그렇게 치열하게 노력하고 애썼는지도 모른다. 내가 아이를 위해 무언가를 많이 하는 것처럼 보였지만 사실 그건 20대 노답이었던 내 삶에서 답을 찾아 고군분투하는 치열함의 과정이었다.

노력하면 될 거라는 믿음으로 충만했던 내 육아 시나리오에서 빨간

공부가 쉬운 아이로 키워라

불이 들어오기 시작한 것은 아이가 중학생이 되면서부터다. 시험이라는 것이 생기니 초등시절에 막연하게 잘하는 아이들이 하나둘씩 곤두박질 치기 시작했다. 중등은 또 다른 게임판의 시작이었다. 꼼꼼하게 공부해야 잘 보는 시험에서 아이의 실수가 여지없이 드러나기 시작했다. 그때부터 마음이 급해지기 시작했다. 아이에게 조금씩 푸시를 했다.

물론, 표면적으로는 좋은 엄마 코스프레를 했다. 난 아이를 잘 키우기 위해서 공부하고 애쓴 괜찮은 엄마니까, 아이에게 긍정적인 말을 하면서 아이를 독려할 수 있을 거라고 믿었다.

"나는 너를 믿어."
"너는 잘될 거야."
"조금만 힘내자."

이런 말들로 아이를 독려하면서 공부를 시켰다. 아이는 엄마의 강요에 의해서 공부를 했고 물론, 결과는 그리 만족스럽지 못했다. 나의 긍정 확언 전략은 실패였다.

무엇이 문제였을까?

나는 아이 마음도 살폈고, 공부하는 아이 대우도 해 주었고, 공부 환경도 마련해 주고, 시험 범위에 맞는 문제집, 프린트물을 다 챙겨 주고, 아이가 좋아하는 맛있는 음식도 해 주고, 게다가 긍정적인 말까지 매일 해 주었다.

실패하고 나니 원인을 찾기 위해 더 깊이 생각해 보았다. 내 마음 깊숙이 들어가 진짜 내 마음을 들여다보았다. 결국 내 욕심이 문제였다. 잘하려고 노력했지만 사실 그건 내 욕심이었다. 아이가 원해서 한 것이 아니었다. 아이를 사랑하는 것도, 아이에게 좋은 것을 해 주는 것도, 아이를 공부시키는 것도 그것이 누구를 위한 것인지 마음 깊숙이 들여다보지 못했다. 나는 잘한다고만 생각했지 그게 나를 위한 것이라는 것을 깨닫지 못한 것이었다. 열심히 하면 다 잘될 줄만 알았다.

내가 받지 못한 사랑을 듬뿍 주었기에 내가 할 수 있는 한 최선의 행복한 환경에서 아이를 키우고 있다고 생각했기에 은연중에 당연히 우리 아이들이 나보다 남편보다 더 나은 삶을 살길 바랐고 그 과정에서 공부를 잘할 것이라고 기대하고 있었다. 그리고 그 마음 더 아래에는 우리가 더 좋은 환경에서 서포트를 받으며 살았더라면 지금보다 더 떵떵거리면서 살았을 거라는 아쉬움이 있었다. 눈물이 났다. 일과 육아에 치여

공부가 쉬운 아이로 키워라

애쓰고 살면서도 행복을 느꼈던 나는 과거를 치유하고자 몸부림치는 한 인간이었고 "엄마, 사랑해"를 외치던 아이들은 엄마의 과거 치유 과정에 이리저리 흔들리는 작은 인간이었다.

깨달았다.

진심으로 순수하게 사랑해야 한다는 것을.

아이에게 하는 말이 100% 진실해야 그 말에 마음이 실리고 아이도 받아들인다는 것을.

"너를 믿어."

사실 진짜 마음은 불안해하면서 거짓으로 내뱉는 믿는다는 말은 우리의 곁을 맴돌면서 아이를 헷갈리게 할 뿐이었다. 엄마의 심부 깊은 곳에 있는 진짜 진심이 말 속에 담길 때 그 말은 아이의 마음속에 자리 잡는다.

공부가 쉬운 아이의 마지막 힘은 결국 아이 자신에게 있다. 그 끝은 독립하여 자기 삶을 살 줄 아는 아이다. 아이가 그 힘을 스스로 찾기 위해서 우리는 솔직해져야 한다. 이 공부는 누구를 위한 공부인가? 아이

자신인가, 엄마인가?

이를 위해서는 아이와 많은 대화를 나누어야 하고 무엇보다 엄마가 진솔해져야 한다. 남들이 다 원하는 의대라는 빛을 향해 달려가는 나방 무리가 되어서는 안 된다. 그 끝을 우리는 알고 있으면서도 본능적으로 빛에 현혹된다. 정신을 똑바로 차려야 한다. 함께 간다면 그건 아이가 원하는 것이어야 한다. 아이가 정말 원하는 것이 무엇인지 찾으려는 노력을 반드시 해야 한다. 그래야 공부의 마지막이 완성된다.

세상이 많이 변했다. 변하는 세상을 학교 교육이 따라가지 못하고 있다. 과연 이 아이가 커서 살아갈 세상은 지금보다 얼마나 더 달라져 있을지 상상해 보라. 지금 배운 지식은 학교 교육에선 중요하겠지만 성인이 되었을 때는 먹고 사는데 필요한 지식 외에는 큰 쓸모가 없어진다. 결국 아이에게 공부를 가르치고 바른 길로 안내를 하는 일련의 과정들은 아이를 독립적인 인간으로 키우는 길에 있다. 진짜 사랑은 그 사람을 있는 그대로 사랑하고 존중하는 마음이다. 아이들을 키우는 긴 여정에서 우리는 욕심에 눈이 잠시 가려지기도 하고 마음이 흔들리기도 한다. 하지만 아이가 크면서 엄마에게 깨달음을 준다. 예상치 못한 장벽들을 만나고 엄마가 깨지면서 성장해간다. 자식은 결국 떠나보내는 사랑이어

공부가 쉬운 아이로 키워라

야 하고 우리는 그 과정을 조금씩 연습해야 한다.

우리 솔직해지자!

진짜 사랑을 하자!

그래야 결국 아이가 잘된다.

슬기로운 사춘기 공부,
긍정 기운의 힘

공부에 있어서 가장 큰 복병은 사춘기였다. 똑똑하고 엄마 말 잘 듣던 아들이 마음의 갈피를 못 잡기 시작했다. 한때는 나에게 가슴 벅찬 기쁨을 안겨 주었던 아이가 갑자기 불같이 화를 내고 엄마는 몰라도 된다며 거리를 두기 시작하니 배신감과 상실감이 들기 시작했다. 그래도 나는 엄마니까 마음을 다잡고 아이에게 다가가 보았지만 노력하면 할수록 아이는 나에게서 멀어져 갔다. 공부에 도통 집중하지 못하고 괴로워했다.

'역시 되는 놈 따로 있고 하는 놈 따로 있어.'

다수의 사람이 말하는 될놈될 할놈할 이론이 내 마음속에도 파고들었다.

'나만 내려놓으면 아이도 편하고 나도 편할 텐데 스트레스받지 말고 지낼

공부가 쉬운 아이로 키워라

까? 할 때 되면 자기가 한다고 할까? 이러다 아예 손 놓으면 어쩌지? 아….
이제 그만 싸우고 싶다.'

오만가지 생각이 마음속을 떠다녔다. 그런데 이 와중에도 쉬지 않고
공부를 하는 아이들이 있었다. 같은 중2인데 왜 우리 집 아이는 공부하
기 힘들어하고 저 집 아이는 공부를 하는가? 답답하고 궁금해서 학원 선
생님과 상담했다.

학원 선생님은 나에게 아이를 잡으라고 했다.

"엄마가 너무 약해서 그래요. 강하게 해야 아이가 말을 듣습니다."

공부를 잘하는 아이들과 비교하며 엄마가 너무 아이를 편하게 해 준
다는 것이었다. 안 그래도 아이가 말을 안 들어 고민이었는데 엄친아,
학력 높은 부모님들과 비교당하니 내 마음에 불을 지피는 것 같았다. '이
게 정말 맞을까?' 살짝 고민이 되긴 했지만 일단 뭐라도 해 보자! 라는
마음에 나는 당장 엄한 엄마가 되기로 결심을 했다.

그때부터 아이를 사사건건 관리하기 시작했다. 공부는 이 정도 해야 한다. 높은 기준을 강요했고 빈둥대면 혼내고 공부하라고 시켰다.

"게임, 휴대폰은 시험이 끝날 때까지 할 수 없어. 난 절대 줄 수 없어!"
라고 선포도 했다.

그런데 엄마가 그러면 그럴수록 아이는 정말…. 질려했다. 아이의 화는 더 폭발했고 감정적인 제어가 더욱 안 되었다.

"알겠어. 알겠다고!!! 그만해!!! 쾅!!!" (문 닫고 들어가는 소리)

아이와의 거리는 점점 더 멀어지고 있었다. 안 그래도 예민한 시기에 엄마가 기름을 들이붓고 있는 꼴이었다. 결국 화가 난 아이는 마음을 가라앉히는 데 시간이 더 걸렸고 그만큼 공부도 더 못했다. 화가 난 상태에서는 정말 아무것도 되지 않았다. 집안 분위기도 당연히 침울해졌다. 오빠가 혼날 때마다 눈치를 보며 둘째는 제 할 일을 척척 해냈다.

실패의 쓴맛을 본 후, 큰 깨달음을 얻었다. 이제 아이는 컸고 엄마가 끌고 갈 수 있는 존재가 아니었다. 아이를 강압적으로 밀어붙이는 것은

공부가 쉬운 아이로 키워라

나그네의 코트를 벗기려고 안간힘을 쓰는 구름 꼴이었다. 결국 아이의 마음을 움직여야 했다. 엄마는 따뜻한 해님이어야 했다. 해님은 엄마의 긍정 기운이다. 엄마가 긍정 기운을 가지고 있으면 그 기운이 아이에게 로 전해진다. 당연히 긍정 기운을 지닌 아이는 마음이 편해지고 공부도 해 볼 만한 것이 된다. 엄마의 기운에 따라 집안 분위기가 달라진다. 그런데 이 긍정 기운은 착하고 좋기만 한 것이 아니다. 엄마의 긍정 기운은 2가지로 나누어진다. 하나는 사랑의 기운, 또 하나는 단호함의 기운이다.

1) 사랑의 기운

사춘기는 아이마다 다르긴 하지만 분명히 세게 오는 아이가 있고 약하게 오는 아이가 있다. 이것은 기질에 따라 차이가 있기도 하지만 부모와의 관계가 큰 영향을 미친다. 가정에서 자신의 자리를 인정받지 못한 친구들이 사춘기를 더 심하게 앓는다.

고학년 담임을 하다 보면 사춘기를 일찍 겪는 아이들을 만나게 된다. 충동 조절이 힘들고 여러 가지 사건에 쉽게 휘말려 학교 폭력에 연루되기도 하며 증상이 심하면 자해로 이어지기도 한다. 22년의 교직 생활 동안 600여 명의 아이들을 만나면서 힘든 아이를 볼 때마다 느끼는 건 아이들이 불쌍하다는 마음이었다. 아이들의 가정은 불안했고 부모님께 충분한 사랑을 받지 못했다. 때로는 정서적 학대를 당하기도 하여 아이들에게 집은 안전하게 쉴 수 있는 장소가 아니었다. 마음 둘 곳 없는 아이들은 자신이 사랑받아야 하는 존재임을 느끼지 못했다. 사춘기가 되어 또래 집단이 소중해지니 밖으로 떠돌다가 안 좋은 친구나 선배들을 만나게 되면 자기도 모르게 사건·사고에 휘말리게 되었다.

사춘기를 힘겹게 지나가지 않으려면 나의 어떠한 모습도 받아 줄 수 있는 따뜻한 집이 있어야 한다. 지금 내 눈앞에 말을 안 듣고 반항하는 아이가 있어도 그 아이를 측은지심으로 바라보고 사랑해 줄 수 있는 부모가 있다면 아이들은 결국 부모에게로 돌아온다.

안전하고 편한 집, 내 존재 이유, 사랑받는 집은 공부에서도 가장 기본적인 조건이다. 안전함을 느껴야 아이들이 공부하고자 하는 마음이 생긴다. 안전은 생존의 욕구이고 공부는 고차원적인 욕구이기 때문이다. 아이에게는 자상하면서 부부싸움이 잦은 경우에도 아이들은 불안을 느낀다. 사춘기는 정체성을 형성해 가는 시기이기 때문에 부모가 싸우면 아이의 정체성 형성에 혼란이 온다. 싸우는 부모 밑에서 자라는 자녀는 버려질 수도 있다는 불안함 때문에 자기도 모르게 방황한다. 사이좋은 부모님 아래서 자연스럽게 사랑을 받고 자라는 아이는 자신의 존재에 대한 당위성을 의심하지 않는다. 마음이 안정되어 공부에 눈길이 간다.

2) 단호함의 기운

사춘기 아이들의 감정 기복은 어디로 튈지 모르는 공과 같다. 조금 전에 웃으며 들어간 아이가 갑자기 불같이 화를 내기도 하고 잘하던 공부도 귀찮아지고 하기 싫어지기도 한다. 어느 날 갑자기 내가 왜 이걸 하고 있지? 라고 자신을 돌아보기도 한다.

어느 날 수학 문제를 풀던 아들이 화를 냈다.

"아니, 이게 왜 틀린 거냐고?!!! 퍽퍽!"

애꿎은 침대를 주먹으로 치면서 화풀이를 했다.
또 어느 날은

"내가 이걸 왜 해야 하냐고!!!"

하면서 공부의 이유에 대한 분노를 표출하기도 했다.

호르몬의 영향인지 아이가 엄마에게 도전하기 시작했다.

사춘기가 오면서 아이의 행동이 선을 넘는 날이 있었다. 한밤중에 쿵쿵대며 큰 소리를 내거나 심하게 화를 표출했다. 그날 방문을 열어젖히고 아이를 훈계하기 시작했다.

"공부가 중요하다고 하지만, 이렇게 예의 없이 하는 공부는 아무런 소용이 없어. 공부보다 더 중요한 것이 사람의 됨됨이야. 그건 인간으로서 지켜야 하는 도리야. 다 같이 살아가는 세상에서 이런 폭력적인 행동은 절대 용납할 수 없어."

짧아야 했는데······길게 말해 버렸다. 하지만 필요했다. 사춘기일지라도 지켜야 할 선, 넘지 말아야 할 선이 있다. 그것은 서로 존중하는 마음이다. 아이가 잘못할 때는 단호하게 가르쳐야 하는 것이 부모다. 사춘기에도 자신이 사랑받는 줄 알면 아이는 부모의 말을 듣는다. 자신을 위해

공부가 쉬운 아이로 키워라

서 하는 공부에 화나는 태도로 대하면 공부 기운이 아이에게 잘 붙을 리가 없다. 아이가 부모의 권위에 도전하고 선을 넘는다면 단호함으로 아이를 바로 잡아야 한다.

엄마는 단호한 기운이 있어야 한다. 오늘은 봐주고 내일은 혼내고 이런 흔들리는 기운이 아니라 예의와 도리에 대해서는 단호하게 이어지는 기운을 지니고 있어야 한다. 그러한 기운이 집안에 흐르고 있을 때 아이는 그것을 지키려고 노력한다. 아이러니하게도 사춘기 아이들은 규칙을 좋아한다. 규칙이 없으면 마구 흔들리지만 규칙을 통해서 자신을 보호해 주면 아이는 그것을 통해 사랑을 느낀다. 밤늦게 놀아도 집에서 연락 하나 없는 아이와 빨리 오라고 전화를 받는 아이는 부모에게 느끼는 사랑이 다르다. 아이를 위한 단호한 사랑은 아이를 바른 마음으로 공부로 이끌어 준다.

진인사대천명, 공부의 운을 기다려라

　아이와 함께 공부하는 긴 여정에서의 화룡점정은 운이다. 수많은 대한민국의 학부모들이 아이를 잘 가르쳐 보고자 고군분투하고 있지만 성공하기 어려운 이유 중의 하나는 바로 운 때문이다. 운을 끌어들이지 못해서다.

　'공부는 자기가 노력해서 잘하는 거지, 무슨 말도 안 되는 소리야?'

　라고 생각할 수 있다. 하지만 공부에서 노력은 사실 필요조건이지 충분조건이 아니다. 열심히 했으니 당연히 잘 될 거라는 생각은 자만이다. 공부는 누구나 열심히 한다. 앞의 5단계까지의 과정을 잘 거쳐 왔다면 이제 마지막 단계, 세상의 운과 만나야 한다.

　운은 허황된 욕심이 아니다. 노력하지 않고 잘되기만을 바라는 것은 욕심이고 망상이다. 열심히 하지 않은 사람에게는 좋은 결과가 올 리 없다. 현 상태를 자기의 노력으로 충분히 채우고 난 후에 세상에서 뿌려진 운과 만날 수 있다.

그렇다. 운은 밖에서 끌어오는 것이다. 내가 만드는 것이 아니다. 진인사대천명. 내가 나의 노력을 다하고 세상의 운을 기다려야 한다. 사람들은 평소에는 노력이 중요하지 무슨 운이야 하면서 운에 대해서 큰 자각을 하지 못하지만 입시가 다가오고 중요한 시험이 있을 때는 운을 찾으며 공을 들인다. 그때는 할 수 있는 게 그것밖에 없기 때문이다. 이미 노력으로 채울 수 있는 시간은 지나갔고 이제 기도하며 비는 것이 엄마가 할 수 있는 전부가 된다. 불안한 마음을 기도로 채운다.

우리 동네에 유명한 점집이 하나 있다. 엄마들이 입시 철이면 예약이 꽉 차서 전화상담까지 할 정도로 인기라고 한다. 아주 용한(?) 할머니께서 수시 철이 되면 며칠간의 원서접수일 중 어느 날에 원서를 넣어야 운이 좋은지 딱 정해 주신다. 그러면 그날에 수시 원서를 넣으면 된다. 그게 끝이 아니다. 아이에게 불안한 기운이 있다고 한다. 경쟁자에게 흔들릴 수 있으니 아이가 시험에 붙으려면 공을 들여야 하는데 이름을 올리고 기도하라 한다. 그런데 엄마가 기도할 시간이 없을 테니 할머니께서 기운 좋은 방향으로 아이 이름을 올리고 아침마다 기도를 드려 준다고 한다. 물론, 비용이 발생한다. 할머니의 용한 기운이 아이에게 닿기를 바라면서 엄마는 송금 버튼을 누른다.

믿기 어렵겠지만 사실이다. 엄마들의 마음이 그렇다. 우리는 누구나 운을 원한다. 마지막 순간에…. 그러나 운은 마지막에 부르는 것이 아니다. 항상 마음속에 품고 있어야 한다. 운이 필요하다는 것을 알고 있어야 나의 행동이 바뀌고 겸손해진다. 나의 노력으로 모든 것을 이룰 수 있다고 생각한다면 인간은 자만해지고 방심하게 되기 마련이다. 하지만 운이 중요하다는 것을 알면 운을 끌어당기는 행동을 하게 된다. 다른 사람에게 해가 되는 일을 하지 않고 바르게 행동하려고 애쓴다. 나아가 선한 행동을 한다. 일종의 덕을 쌓는 것이다.

이런 선한 행동은 입시에서도 긍정적인 방향으로 작용한다. 세상은 혼자만 잘난 인재보다 남과 함께 협력할 줄 알고 어려운 사람을 돕고 세상을 더 좋은 곳으로 만들려는 인재를 좋아한다. 대학에서도 그런 인재를 선호하는 것은 당연하다. 아이가 다니는 학교에서도 마찬가지다. 이기적인 우등생보다 남을 도울 줄 알고 인성이 바른 모범생을 선생님들은 가장 높게 평가한다. 열심히 노력하는 것뿐만이 아니라 소원을 간절

공부가 쉬운 아이로 키워라

하게 마음에 품고 겸손함의 미덕을 갖추어야 공부의 운이 주어진다.

열심히 노력한 그대, 공부의 운을 끌어당겨라.

공부육아로
업그레이드된 엄마의 삶

공부육아를 한다고 하면 사람들은 오해한다. 아이에게 공부만 시키는 줄 안다. 공부를 강요당하는 아이가 불쌍하다고 생각한다. 그러나 그건 공부에 대해서 제대로 고민해 본 적도 없는 사람이다. 또는 공부를 제대로 시켜 본 적이 없는 사람들이다. 남들이 해야 한다는 것에 치중해서 공부시켰지 자기 노력으로 공부에 관해 탐구한 적이 없는 것이다. 공부에 관한 글을 쓸 때마다 달리는 답글들이 있다.

"공부도 재능이더라고요. 애 잡지 마세요."

공부가 재능이라는 말로 현실과 타협하고 자신을 방어한다. 내가 해 봤는데 이게 내 탓이 아니라 되는 애가 있고 안 되는 애가 있다고 변명을 하며 자신을 방어한다. 그러나 아무리 변명해도 현실이 달라지는 건

공부가 쉬운 아이로 키워라

없다.

묻고 싶다. 진짜로 노력했는가? 해 보고 하는 이야기인가? 우리는 잘 모르면 쉽게 치부한다.

"걔는 원래 부자야. 걔는 유전자가 타고난 거야."

우리가 어쩌지 못하는 이유를 대며 노력을 거부한다. 하지만 반대로 아이가 공부를 잘하는 집은 노력을 강조한다. 아이와 함께 공부하고 노력하면서 아이의 마음을 알아가고 깨달음을 얻으면서 엄마가 성장한다. 한 인간의 발달과정을 이해하고 눈앞에 쉬운 길이 있지만 어려운 길을 택하며 간 사람들은 위대해질 수밖에 없다. 정신이 성숙해져서 다음 수준으로 업그레이드가 된다. 인간에 대한 깨달음을 얻어 아이들을 바라보는 시선이 높아진다. 아이 탓을 하지 않고 아이 덕이라고 한다. 잘될 수밖에 없는 집이 된다.

아이를 바라보는 시선은 3단계 과정을 거친다. 행동, 마음, 정신이다. 인간을 이해하는 수준에 따라 어떤 사람은 아이의 행동만 보고 말하고 어떤 사람은 아이의 마음을 보고 어떤 사람은 아이의 정신을 본다. 시선의 성장은 노력에 따라 올라간다.

1) 행동

아이가 어릴 때는 아이의 행동을 주시한다. 아이가 울 때, 칭얼댈 때 엄마는 즉각적인 반응을 통해 아이의 불편함을 해결하려고 한다. 아이가 물건을 빨아 대면 닦아내고 소독해 주기 바쁘고 나가자고 보채면 아이를 데리고 밖으로 나가 놀아 준다. 이것은 아이 발달 단계와 맞닿아 있다. 아이가 태어나서 3년 동안은 아이의 신체가 급속도로 성장을 하므로 그것에 맞게 아이의 성장을 도와줘야 한다.

2) 마음

아이의 생각이 자라고 말을 조리 있게 하게 되면서 아이들의 행동에는 자신의 마음이 담긴다. 아이들은 크면 "내가 내가!" 하면서 무엇이든 자기가 하려고 하며 엄마 애를 타게 한다. 행동만 보면 안 될 게 뻔하고 답답하지만 아이의 마음을 보면 자기 능력을 시험하는 것이라는 것을

공부가 쉬운 아이로 키워라

알게 된다. 아이를 보호하며 기다려 줄 수 있다. 아이의 마음을 알 수 있는 눈이 생기면 아이 키우기가 훨씬 쉬워진다. 아이들의 마음은 행동으로 드러나는데 그 행동 이면에 있는 마음을 이해해 주면 숲을 볼 수 있는 눈이 생기고 잔소리가 줄어든다. 평화로운 육아가 된다.

3) 정신

아이의 마음을 이해하려고 하다 보면 어느 순간 아이의 정신을 볼 수 있다. 정신은 삶을 살아가는 방식이다. 우리는 이상한 행동을 할 때 말한다. "정신이 있는 거야? 없는 거야?" 정신은 그 사람의 생각, 의지, 가치관을 의미한다. 아이의 마음을 이어 가다 보면 아이가 중요히 여기는 가치, 엄마가 전달하는 가치를 공유하는 순간이 오게 된다. 내 삶에 최선을 다하는 방법, 바르게 사는 이유, 꿈을 찾아가는 방법 등 높은 수준의 정신을 아이와 함께 공유하게 된다. 그러면 아이와 엄마는 서로 철학을 나누는 인생의 동반자가 될 수 있다.

공부육아를 통해 아이를 키우면 아이를 통해 엄마의 시선이 성장하게 된다. 한 인간의 발달과정을 이해하고 올바르게 키운다는 것은 긴 시간 동안 인내의 과정이기 때문에 엄마의 수준이 높아질 수밖에 없다. 공부육아를 제대로 실천해서 위대해진 엄마는 아이에게 축복이 된다. 아이는 그런 엄마를 만난 행운에 감사해야 한다. 아이에게 나는 축복의 존재, 행운의 존재가 될 수 있다. 엄마 또한 성장하는 과정에서 감사함을 느낀다. 공부육아를 하면서 이런 사랑을 줄 수 있는 자신에게 감사함을 느끼고 스스로 자신을 인정하며 사랑해 준다.

　아이를 통해 수준이 높아진 엄마는 막강한 힘을 가지게 된다. 긴 시간 노력하며 얻은 능력은 쉽게 없어지지 않는다. 아이가 커서 독립을 해도 엄마는 할 수 있는 일이 많아진다. 예전의 철없고 받기 좋아했던 여자에서 누군가에게 도움을 주고 사랑을 줄 수 있는 크고 위대한 존재가 된다. 자신의 육아 방법을 책으로 유튜브로 알려 주고, 봉사활동을 하고, 뒤늦게 취업하면서 제2의 인생을 살기도 한다. 인생이 업그레이드된다.

1. 열심히 하는 사람은 많다. 운이 필요하다.

2. 집안에 긍정 기운을 채운다.

3. 진짜 긍정 기운은 사랑과 단호함이다.

4. 진인사대천명, 열심히 하고 운을 기다린다.

5. 결국 운은 깨달은 사람에게 오기 마련이다.

열심히 키운 그대,
자아실현을 하라

아이만 열심히 키웠을 뿐인데 어느 날, 내가 다른 사람이 되어 있었다. 20대의 나는 불안한 현재를 항상 불평하고 불만으로 가득 채웠다. 내가 이 현실을 바꿀 수 없다고 생각했기에 적당히 내가 할 수 있는 욕구들을 채우면서 살았다. 연예인들 이야기, 쇼핑, 여행 등등 사람들이 좋아하고 적당히 즐길 수 있는 것들에서 만족을 얻으면서 생각 없이 살았다. 그런데 결혼하고 아이를 키우면서 나는 몰라보게 달라졌다. 삶을 대하는 자세가 달라졌고 삶을 바라보는 시선이 달라졌고 내 삶도 달라졌다. 이제 나는 불평을 하지 않고 주어진 나의 환경을 어떻게 하면 긍정적으로 바꿀 수 있을까를 고민한다. 고난이나 시련이 와도 좌절하기보다는 이것은 성공의 발판이 될 수 있는 기회라는 생각이 먼저 든다. 세상을 용감하게 살아가는 힘이 생겼다. 위대한 엄마가 되었다.

위대한 엄마는 아이에게 경제적으로 많은 것을 해 주는 사람이 아니다. 아이의 정신을 바르고 강하게 만들어 줄 수 있는 사람이다. 아이가 삶을 주체적으로 살 수 있도록 도와주는 사람이다. 그러니 엄마 또한 강해질 수밖에 없다. 오늘 하루만 더! 오늘처럼 내일도! 꾸준하게 노력하는 애씀은 사람을 단련시킨다. 근육처럼 튼튼해진 정신은 우리의 마음과 머리에 자리 잡아 흔들리지 않는 굳건함을 만든다. 아이를 잘 키운 엄마들이 겸손하고 굳건해 보이는 이유다.

아이를 키우면서 〈공부가 쉬운 아이로 키우기〉라는 블로그를 운영했다. 내가 읽은 책, 내가 아이들에게 적용한 교육 방법, 내가 생각하는 교육의 방향 등 육아와 교육에 관한 것들을 모두 기록했다. 단순히 기록하지 않고 나만의 방법을 정리하고 추려서 올리고, 내가 아이들을 가르치면서 깨달은 점들을 쓰고, 교육에 대한 내 생각도 올렸다. 글을 쓸 때면 항상 연습장에 글의 개요를 짜 보고 다듬고 살을 붙여서 블로그에 썼다. 그렇게 10년을 글을 썼더니 나도 모르게 능력치가 올라가 있었다. 육아 휴직을 하고 복직했을 때 사람들이 나를 보고 한결같이 글을 잘 쓴다고 칭찬했다. 나는 그냥 하던 대로 했는데 나도 모르게 글쓰기 능력이 올라갔다. 그때부터 모든 글쓰기는 내가 담당해서 올렸다. 일이었지만 글쓰기는 즐거웠다.

찐한 육아 후에는 아이를 이해하는 시선도 높아져 있었다. 우리 반 아이들 행동 뒤에 아이의 마음이 보이고 그 마음을 이해하는 선생님이기에 아이들이 나를 잘 따랐다. 학부모님들과의 상담도 즐거웠다. 내가 깨달은 육아 지식을 나누고 방법을 찾아 주는 과정이 즐거워 매일 학부모님과 통화를 한 적도 있었다. 함께 고민하고 방법을 찾아가다 보면 아이가 어느새 학교에 적응해서 즐겁게 학교생활을 하고 있었다. 아이들의 변화가 나를 행복하게 만들었고 내가 일의 주체가 되어 있으니 학교 일 또한 즐거울 수밖에 없었다.

업무 분담에서도 예전의 나는 큰 업무는 안 하려고 눈치를 살폈었고 연말마다 어떻게 하면 쉬운 업무를 할 수 있을까 머리를 맞대고 고민하는 사람 중의 한 명이었다. 그런데 이제는 어떤 업무도 두렵지 않다. 업무를 빨리 이해하고 처리하는 능력이 생겼다. 부장 업무를 계속 맡았고 지금도 처음 하는 체육부장 일을 해내고 있다.

아이를 열심히 키웠을 뿐인데 엄마가 성장했다. 공부육아를 통해 나의 인생을 업그레이드하는 선물을 받았다. 결국 아이를 키우는 일은 나를 키우는 일이었다. 아이들을 키우면서 막연히 나도 언젠가 책을 쓰고 싶다는 꿈이 있었다. 아이를 통해 업그레이드된 엄마는 그 꿈을 이루었다. 책을 쓰면서 아이들에게 감사하다고 말한다. 너희들이 엄마의 뜻대로 잘 자라 주어서 엄마가 이렇게 책을 쓸 수 있게 되었다고 고마움을 전한다. 아이들이 공부할 때 나는 책을 썼다. 우리는 함께 자신의 꿈을 위해 노력하고 있다. 아이들의 꿈도 중요하지만 엄마의 꿈도 존중해 준다. 아이들이 엄마의 꿈을 응원해 준다. 우리는 함께 주어진 인생을 헤쳐 나가는 든든한 동반자다. 우리는 문득문득 "사랑해."라는 말이 툭툭 튀어나온다.

공부육아의 끝은 엄마의 자아실현이다. 아이를 통해 성장한 엄마는 이제 자신의 꿈을 찾아 무엇이든 할 수 있다. 엄마는 아이의 꿈을 실현해 주는 사람으로만 머무는 것이 아니다. 가족이라는 울타리 안에서 서로를 지지해 주며 자신의 꿈도 실현할 수 있다. 엄마의 능력은 이제 어떤 일이든 주체적으로 쉽게 해낼 수 있는 단계가 되었다. 이 능력은 어디에서든 빛을 발한다.

열심히 키운 그대, 자아실현을 하라!
하고 싶은 일이 있다면 이제 무엇이든 이룰 수 있다.

"꿈을 열심히 그리는 사람은 결국 그 꿈을 닮아 간다."

- 괴테 -

공부가 쉬운 아이로 키워라